Welche Formen von Zahlungsmitteln kennen Sie?

Zahlungsmittel sind beispielsweise

- **Bargeld**,
- **Buchgeld** und
- **Geldersatzmittel**.

Buchgeld ist ein **Guthaben** auf einem Bankkonto.

Es kann als **Sichteinlage** oder als **Kredit** vorliegen.

Was versteht man unter „Buchgeld"?

Ein Besitzkonstitut wird im Rahmen einer **Sicherungsübereignung** vereinbart.

Der Darlehensgeber erwirbt zu Sicherungszwecken das Eigentum an einer beweglichen Sache des Darlehensnehmers. Durch ein Besitzkonstitut (§ 930 BGB) bleibt der **Darlehensnehmer aber unmittelbarer Besitzer**, der **Darlehensgeber wird Eigentümer und mittelbarer Besitzer**.

Was ist ein „Besitzkonstitut“?

- **K**onvertierungsverbot
- **T**ransferverbot
- **Z**ahlungsverbot
- **M**oratorium

Welche Risiken im Außenhandel werden als „KTZM“ bezeichnet?

Mit einer **Hermes-Euler-Bürgschaft** können sich Exporteure gegen wirtschaftliche und politische Risiken absichern.

Der Bund übernimmt dabei die Zahlung, wenn der ausländische Importeur seinen Zahlungsverpflichtungen nicht nachkommt.

Wozu dient eine „Hermes-Euler-Bürgschaft“?

Unterschied bei Bezahlung mit einer Girocard:

- Bei Eingabe der PIN wird (nach Prüfung) das **Konto sofort belastet**.
- Bei der Unterschrift wird eine Einzugsermächtigung erteilt. Die Zahlung ist für den Händler **nicht garantiert**.

Wenn Sie im Supermarkt mit einer Girocard bezahlen, müssen Sie manchmal eine PIN eingeben, manchmal eine Unterschrift leisten. Was ist der formale Unterschied?

Arten von Kreditkarten:

- **Charge Card:**

  Die Umsätze werden auf einem Kartenkonto gesammelt und einmal monatlich per Lastschrift abgerechnet. Die maximale Kreditdauer beträgt einen Monat.

- **Credit Card:**

  Einmal im Monat wird von den Umsätzen ein vereinbarter Mindestbetrag gezahlt, der Rest kann in Raten gezahlt werden.

- **Debit Card:**

  Ohne Kreditfunktion. Die Umsätze werden taggenau zinswirksam erfasst und abgerechnet.

Welche Arten von Kreditkarten kennen Sie?

Bei der Kapitalwertmethode wird unterstellt, dass alle Zahlungen zum Ende eines Jahres erfolgen. Das **Ende der Periode 0** entspricht aber genau dem **Anfang der Periode 1**.

Bei der Kapitalwertmethode erfolgt die Anfangsinvestition zum Zeitpunkt t_0.
Warum ist das so, obwohl das Jahr 0 gar nicht in die Nutzungsdauer fällt?

nwb

Besonderheit der **genehmigten Kapitalerhöhung**:

Der Vorstand erhält von der Hauptversammlung die Genehmigung, das Grundkapital durch die Ausgabe neuer (junger) Aktien **zu einem frei wählbaren Termin** im beschlossenen Umfang zu erhöhen.

Diese Genehmigung gilt maximal für fünf Jahre.

Die Kapitalerhöhung darf nicht mehr als 50 % des bisherigen Kapitals betragen.

→ **Karten 374, 375**

Worin besteht die Besonderheit bei einer „genehmigten" Kapitalerhöhung?

Bei einer **Kapitalerhöhung aus Gesellschaftsmitteln** fließen dem Unternehmen keine neuen finanziellen Mittel zu, es werden lediglich Gewinnrücklagen oder Kapitalrücklagen in Grundkapital umgewandelt (Passivtausch).

→ **Karten 373, 374**

Worin besteht die Besonderheit bei einer Kapitalerhöhung „aus Gesellschaftsmitteln“?

Die **bedingte Kapitalerhöhung** ist an eine Bedingung geknüpft, z. B. dass die Inhaber einer Wandelanleihe von ihrem Recht zum Umtausch in Aktien Gebrauch machen.

→ **Karten 373, 375**

Worin besteht die Besonderheit bei einer „bedingten“ Kapitalerhöhung?

a) Die Hauptversammlung muss zustimmen, die Mehrheit muss dabei mindestens drei Viertel betragen (§ 182 Abs. 1 AktG).

b) Der Aktienkurs wird tendenziell sinken.

c) Die Altaktionäre erhalten ein Bezugsrecht, dadurch bleibt ihr Gesamtvermögen unverändert.

→ **Karten 377, 378**

Eine AG möchte ihr Grundkapital erhöhen und dazu neue Aktien ausgeben.

a) Welche Zustimmung ist erforderlich?

b) Wie wird sich der Aktienkurs tendenziell entwickeln?

c) Wie können die Altaktionäre vor einem Vermögensverlust geschützt werden?

Die optimale Nutzungsdauer kann **mit der Kapitalwertmethode** berechnet werden:

Für jedes Nutzungsjahr wird der kumulierte Barwert berechnet. Nach Abzug der Anfangsinvestition und Addition des Barwerts des Liquidationserlöses erhält man für jedes Jahr den Kapitalwert. Die optimale Nutzungsdauer endet mit dem Jahr mit dem höchsten Kapitalwert.

Wie kann bei einer einmaligen Investition die optimale Nutzungsdauer errechnet werden?

- Bei **steigendem Zins** fallen die Kurse für Anleihen,
- bei **sinkendem Zins** steigen sie.

Je länger die Restlaufzeit ist, desto stärker sind die Veränderungen.

Wie ändert sich der Kurs einer (festverzinslichen) Anleihe bei einer Veränderung des Zinsniveaus?

Der **Lohmann-Ruchti-Effekt** beschreibt die Funktion von **Abschreibungen als Finanzierungsinstrument**. Weil die Abschreibungen in den Verkaufspreisen einkalkuliert sind, fließen sie über die erzielten Erlöse in das Unternehmen zurück, obwohl sie nicht zu Auszahlungen geführt haben.

Je nach Verwendung der so zugeflossenen Mittel ergibt sich der **„Kapitalfreisetzungseffekt"** oder der **„Kapazitätserweiterungseffekt"**.

Was beschreibt der sog. „Lohmann-Ruchti-Effekt"?

Wenn ein eingeräumtes Lieferantenziel ausgenutzt wird, besteht **bis zu diesem Zahlungszeitpunkt** (der später liegt als der Liefertermin) **keine Kapitalbindung**.

Warum beginnt die Kapitalbindung des Fertigungsmaterials nicht immer mit dem Zeitpunkt der Lieferung?

- Die Hypothek ist **akzessorisch**, also an die zugrunde liegende Forderung geknüpft.
- Die Grundschuld ist **fiduziarisch**, also unabhängig von der Existenz des gesicherten Anspruchs.

Wie unterscheiden sich die Grundpfandrechte „Hypothek" und „Grundschuld"?

Das Grundkapital einer Aktiengesellschaft kann aufgeteilt werden in

- Inhaber- und Namensaktien
- Stamm- und Vorzugsaktien
- Nennwert- und Quotenaktien

Welche Arten von Aktien kennen Sie?

Vorteile der **Emission einer Wandelanleihe** aus Sicht des emittierenden Unternehmens:

- Eine Wandelanleihe ist niedriger verzinst als eine Anleihe.
- Bei Umtausch in Aktien müssen keine Zinsen mehr gezahlt werden.
- Bei Umtausch in Aktien erfolgt keine Rückzahlung.
- Bei Umtausch in Aktien erhöht sich das Eigenkapital.
- Zinsen, die bis zum Umtausch gezahlt werden, sind Betriebsausgaben.

Welche Vorteile hat die Emission einer Wandelanleihe aus Sicht des emittierenden Unternehmens?

Die Inhaber einer Vorzugsaktie erhalten i. d. R. eine **höhere Dividende**. Dafür sind sie aber auf der Hauptversammlung **nicht stimmberechtigt**.

Welchen Vorzug hat eine Vorzugsaktie?

Wenn sich auf einem Kontokorrentkonto dauerhaft ein Sollsaldo einstellt, besteht Handlungsbedarf, weil ein Kontokorrentkredit relativ teuer ist.

Sofern keine andere Möglichkeit besteht, den Darlehensbedarf zu senken, ist eine **Umfinanzierung** sinnvoll.

→ **Karten 379 bis 381**

Welche Empfehlung haben Sie, wenn sich auf einem Kontokorrentkonto dauerhaft ein Sollsaldo einstellt?

Bei Anwendung der Kapitalwertmethode führt der Liquidationserlös zu einem **Zufluss** in der letzten logischen Sekunde der Nutzungsdauer.

Er wird deshalb **abgezinst** wie die Ein- und Auszahlungen der letzten Periode.

Wie wird bei Anwendung der Kapitalwertmethode ein Liquidationserlös behandelt?

- Bei einer **Wandelanleihe** besteht das Recht, die Anleihe zu vereinbarten Bedingungen in Aktien umzutauschen.
- Eine **Optionsanleihe** kann nicht in Aktien umgetauscht werden, sie besteht bis zum Ende der Laufzeit und wird dann zum Nennwert zurückgezahlt. Es besteht aber das zusätzliche Recht, während der Laufzeit zu vereinbarten Bedingungen Aktien zu erwerben.

Worin besteht der Unterschied zwischen einer Wandel- und einer Optionsanleihe?

Eine Wandelanleihe ist eine Anleihe, die mit dem zusätzlichen Recht ausgestattet ist, sie **in Aktien umzuwandeln**. Die Bedingungen dafür werden jeweils gesondert festgelegt.

Nach dem Umtausch existiert die Anleihe nicht mehr.

→ **Karten 386, 387**

Was ist eine Wandelanleihe?

Ein **Cap** ist ein **Zinssicherungsinstrument**.

Bei einem Darlehen mit variablem Zins sichert sich der Darlehensnehmer durch den Kauf eines Cap **gegen steigende Zinsen** ab.

Dafür zahlt er eine **Prämie** an den Verkäufer des Cap.

Welche Funktion hat ein „Cap“?

Beim Zinscollar wird gleichzeitig ein **Zinscap gekauft** und ein **Zinsfloor verkauft**.

Was ist ein „Zinscollar“?

- Der **Kassakurs** gilt, wenn die Währungstransaktion **sofort** durchgeführt wird.
- Der **Terminkurs** gilt, wenn die Erfüllung mehr als **zwei Tage in der Zukunft** liegt.

Was versteht man unter „Kassakurs“ und „Terminkurs“ einer Währung?

Mezzanine Finanzierungsformen, z. B.:

- Vorzugsaktien
- Wandelanleihen
- Optionsanleihen
- Genussscheine
- Stille Beteiligungen
- Partiarische Darlehen
- Nachrangdarlehen

Kennen Sie drei Beispiele für Mezzanine Finanzierungsformen?

Mezzanine Finanzierungen sind weder Eigen- noch Fremdfinanzierung. Sie enthalten charakteristische Merkmale beider Formen.

→ **Karte 397**

Was ist das entscheidende Merkmal einer Mezzaninen Finanzierung?

Folgende Faktoren bestimmen den **Wert eines Bezugsrechts** im Rahmen einer Kapitalerhöhung:

- Bezugsverhältnis (Umfang der Kapitalerhöhung)
- Stückpreis der jungen Aktien
- Börsenkurs der alten Aktien

→ **Karte 378**

Welche Faktoren bestimmen den Wert eines Bezugsrechts im Rahmen einer Kapitalerhöhung?

Die **Summe aller Barwerte** einer Investition wird als **Zukunftserfolgswert** bezeichnet.

Nach Abzug der Anfangsinvestition erhält man den **Kapitalwert**:

	Barwert Periode 1
+	Barwert Periode 2
+	Barwert Periode 3
+	...
+	Barwert Periode n
=	**Zukunftserfolgswert**
-	Anfangsinvestition
=	**Kapitalwert**

→ **Karte 407**

Wie unterscheidet sich der Zukunftserfolgswert vom Kapitalwert?

Bei einem **positiven Kapitalwert** ist die tatsächliche Verzinsung der Investition höher als der Zinsfuß, mit dem gerechnet worden ist.

→ **Karte 408**

Wie ist ein „positiver" Kapitalwert zu interpretieren?

- Wenn ein **geringerer Zinsfuß** gewählt wird, **steigt** der **Kapitalwert**.
- Wird mit einem **höheren Zinsfuß** gerechnet, wird der **Kapitalwert niedriger**.

Welche Folgen ergeben sich, wenn der Zinsfuß zur Berechnung des Kapitalwerts verändert wird?

Typische **Merkmale der Eigenfinanzierung** sind:

- Eigenkapital steht langfristig bzw. unbefristet zur Verfügung.
- Es bestehen keine Rückzahlungsverpflichtungen.
- Die Eigentümer sind an Gewinn und Verlust beteiligt.
- Die Eigentümer haften.
- Eigenkapitalgeber haben Einfluss auf die Leitung des Unternehmens.

→ **Karten 360, 361**

Welches sind typische Merkmale der Eigenfinanzierung?

Selbstverständlich kann eine Fremdfinanzierung auch durch Eigentümer erfolgen

Ein Eigentümer kann z. B. – zusätzlich zu seiner Beteiligung – ein **Darlehen** gewähren.

Kann eine Fremdfinanzierung auch durch Eigentümer erfolgen?

Typische **Merkmale der Fremdfinanzierung** sind:

- Die Kapitalüberlassung erfolgt befristet.
- Die Rückzahlung erfolgt in Höhe des Nennbetrags.
- Der Fremdkapitalgeber übernimmt keine Haftung.
- Der Fremdkapitalgeber hat Anspruch auf Rückzahlung und Zinsen.
- Der Fremdkapitalgeber übernimmt kein unternehmerisches Risiko.
- Fremdkapitalgeber haben keinen Einfluss auf die Leitung des Unternehmens.

Welches sind typische Merkmale der Fremdfinanzierung?

Wie werden die Kosten eingeteilt, wenn das Kriterium die „Reagibilität“ ist?

Wenn das Kriterium die **„Reagibilität"** ist, erfolgt die Einteilung der Kosten in **„fixe"** und **„variable" Kosten**.

Fixkosten „reagieren" nicht bei Veränderung der Ausbringungsmenge, die variablen Kosten sind von der Ausbringungsmenge abhängig.

→ **Karten 441, 442**

Wie lassen sich Fixkosten beschreiben?

Fixkosten entstehen durch die Bereitstellung einer bestimmten Produktionskapazität.

Sie bleiben bis zum Erreichen der aktuellen Kapazitätsgrenze konstant und ändern sich auch bei einer Änderung der Beschäftigung nicht.

→ **Karten 442, 448**

Wie können variable Kosten beschrieben werden?

Variable Kosten sind mengenabhängig und verändern sich direkt in Abhängigkeit von der Beschäftigung.

Worin liegt die hauptsächliche Problematik bei der Verteilung der Gemeinkosten mit einem BAB?

Durch die Wahl des Verteilungsschlüssels können unterschiedliche, **nur scheinbar objektive Zuordnungen** erreicht werden.

Die Kosten je Ausbringungseinheit nehmen i. d. R. mit steigender Menge ab. Woran liegt das?

Die Fixkosten **verteilen sich auf eine zunehmende Zahl von Ausbringungseinheiten**, ihr Anteil pro Einheit sinkt also mit zunehmender Menge.

Weil sich die Kosten je Einheit aus fixen und variablen Kosten zusammensetzen, sinken damit die Stückkosten.

(„Fixkostendegressionseffekt“)

→ **Karte 447**

Warum wird der neutrale Aufwand in der Kosten- und Leistungsrechnung nicht berücksichtigt?

Der neutrale Aufwand wird in der Kosten- und Leistungsrechnung nicht berücksichtigt, weil der Aufwand einmalig ist oder **nicht dem betrieblichen Leistungsprozess** der Periode **dient**:

- betriebsfremde Aufwendungen (z. B. Spenden),
- periodenfremde Aufwendungen (z. B. Steuernachzahlung),
- außerordentliche Aufwendungen (z. B. Brandschäden).

Nehmen Sie an, in einem Produktionsprozess betragen die Fixkosten 1.000 GE, die variablen Kosten je Stück 200 GE. Wie hoch sind die Gesamtkosten für die Produktion von 10 Stück bei linearem Kostenverlauf?

Berechnung der Gesamtkosten:

	Fixkosten		1.000 GE
+	variable Kosten	10 • 200 GE =	2.000 GE
=	**Gesamtkosten**		**3.000 GE**

Die **Gesamtkosten** betragen für die Produktion von 10 Stück bei linearem Kostenverlauf 3.000 GE.

Können Sie eine lineare Kostenfunktion zeichnen?

Lineare Kostenfunktion:

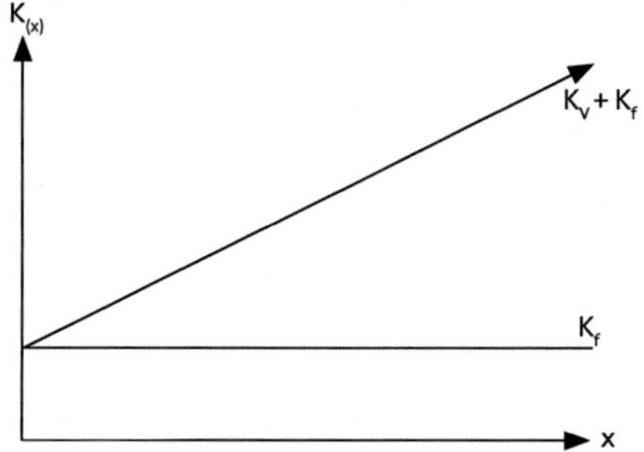

$K_{(x)}$ = Kosten

K_f = fixe Kosten

K_v = variable Kosten

x = Produktionsmenge

nwb

Welche Verfahren zur Aufteilung der Gesamtkosten in variable und fixe Kosten kennen Sie?

Verfahren zur Aufteilung der Gesamtkosten in variable und fixe Kosten:

- Variatormethode
- Differenzen-Quotienten-Verfahren
- Methode der kleinsten Quadrate
- Streupunktdiagramm

Was gibt ein „Variator“ an?

Der Variator zeigt **den prozentualen Anteil** der variablen Plankosten an den gesamten Plankosten bei Planbeschäftigung.

→ **Karten 451, 452**

Wie lautet die Formel zur Ermittlung des Variators?

$$\textbf{Variator} = \frac{\text{proportionale Plankosten}}{\text{Plankosten}} \cdot 10$$

Was bedeutet es, wenn ein Variator den Wert „6“ hat?

Wenn der Variator den Wert **„6"** hat, bedeutet das, dass **60 %** der Gesamtkosten **variable** und **40 % fixe Kosten** sind.

Bei einer Abweichung der Istbeschäftigung von der Planbeschäftigung um 20 % müssen die Sollkosten somit um 6 • 2 = 12 % angepasst werden.

Was versteht man unter „Kostenremanenz“?

Kostenremanenz:

Sinkt die Kapazitätsauslastung, können die Fixkosten nicht in gleichem Umfang abgebaut werden.

Beispiele: *Mitarbeitern kann nicht kurzfristig gekündigt werden, Maschinen können nicht sofort verkauft werden.*

→ **Karten 366 bis 368**

Was sind „Gemeinkosten“?

Gemeinkosten können einem Kostenträger nicht direkt zugerechnet werden.

Wie wird eine Verbrauchsmenge nach der „Inventurmethode“ ermittelt?

Ermittlung der Verbrauchsmenge nach der **Inventurmethode**:

	Lagerbestand am Anfang der Periode
+	Lagerzugänge
-	Lagerabgänge
-	Lagerbestand am Ende der Periode
=	**Verbrauch**

Bei der Mengenbewertung sind unterschiedliche Vorgehensweisen üblich. Kennen Sie verschiedene Preise, aus denen sich die Bewertung ergibt?

Preise, die für die **Mengenbewertung** herangezogen werden:

- **Istpreis**
  - Durchschnittspreis
    - Periodischer Durchschnitt
    - Gleitender Durchschnitt
  - Verbrauchsfolgepreis
    - Lifo
    - Fifo
- **Verrechnungspreis**

Hinweis: *Bei den Verbrauchsfolgeverfahren bestehen in der Kostenrechnung keine Einschränkungen, weil es keine gesetzlichen Regelungen gibt.*

→ **Karten 77, 78**

Sind fixe Kosten tatsächlich immer fix?

Fixkosten sind i. d. R. **nur für ein bestimmtes Beschäftigungsintervall** konstant.

Außerhalb dieses Intervalls können sie sich auf ein neues Niveau verändern. Deshalb spricht man von **intervallfixen** bzw. **sprungfixen Kosten**.

Beispiele: *Einstellung von neuen Mitarbeitern, Anschaffung einer zusätzlichen Produktionsmaschine*

Welche Kalkulationsverfahren kennen Sie?

Kalkulationsverfahren:

- Zuschlagskalkulation
- Divisionskalkulation
- Handelskalkulation, auch Handelswarenkalkulation
- Äquivalenzziffernkalkulation
- Kuppelkalkulation

→ **Karten 458 bis 460**

Unter welchen Voraussetzungen kann die Divisionskalkulation sinnvoll angewandt werden?

Voraussetzungen zur Anwendung der **Divisionskalkulation**:

- Es wird nur ein Produkt produziert.
- Die produzierten Produkte sind identisch (keine Einzel- oder Maßanfertigung).

In welchen Fällen ergibt eine Äquivalenzziffernkalkulation Sinn? Nennen Sie zwei Beispiele.

Die Äquivalenzziffernkalkulation ist eine Form der Divisionskalkulation, die **bei Sortenfertigung** (artgleiche Erzeugnisse) angewandt werden kann. Zwischen den Erzeugnissen muss ein festes Kostenverhältnis (zur Ermittlung der Äquivalenzzahlen) vorliegen.

Beispiele:

- *Bausteine mit verschiedenen Maßen*
- *Flaschen unterschiedlicher Größe*
- *Bleche verschiedener Stärke*
- *Limonaden unterschiedlicher Geschmacksrichtungen*

Welche Methoden der Kuppelkalkulation sind möglich?

Methoden der Kuppelkalkulation:

- **Restwertmethode** (auch Restkostenrechnung, Subtraktionsmethode)
- **Verteilungsmethode** (auch Kostenverteilungsrechnung)

Was ist der Unterschied zwischen Voll- und Teilkostenrechnung?

- **Vollkostenrechnung:**

  Alle in der Rechnungsperiode angefallenen Kosten werden auf die Kostenträger verteilt.

- **Teilkostenrechnung:**

  Nur die variablen Kosten werden auf die Kostenträger verteilt.

→ **Karten 462, 463**

Was versteht man unter einem Stückdeckungsbeitrag?

Der Deckungsbeitrag je Stück ist der Teil des Erlöses, der über die variablen Stückkosten hinausgeht.

Stückdeckungsbeitrag = Verkaufspreis - variable Stückkosten

→ **Karten 463, 465 bis 467**

Kennen Sie einige wichtige Anwendungsbereiche der Deckungsbeitragsrechnung?

Wichtige **Anwendungsbereiche der Deckungsbeitragsrechnung**, z. B.:

- Ermittlung des optimalen Produktionsprogramms, besonders bei Engpässen
- Hereinnahme von Zusatzaufträgen
- Aufnahme neuer Produkte
- Make-or-buy-Entscheidungen

Nehmen Sie an, in einem Produktionsunternehmen würden zwei Werkstücke A und B an jeweils drei Bearbeitungsstellen 1, 2, 3 gefertigt. Alle Bearbeitungszeiten sind unterschiedlich.

a) Welches Problem wird in diesem Fall entstehen?
b) Welchen Lösungsansatz können Sie vorschlagen?

a) Es muss bei begrenzten Kapazitäten die Entscheidung gefällt werden, welches Werkstück bevorzugt gefertigt wird.

b) Als Entscheidungskriterium können die Stückdeckungsbeiträge der beiden Werkstücke A und B herangezogen werden. Das Werkstück mit dem höheren Deckungsbeitrag wird bevorzugt produziert.

Wenn man von der Summe aller Deckungsbeiträge die gesamten Fixkosten abzieht, welchen Wert hat man dann errechnet?

Summe der Deckungsbeiträge - Fixkosten = **Betriebsergebnis**

Wofür steht das Fragezeichen in dieser Skizze?

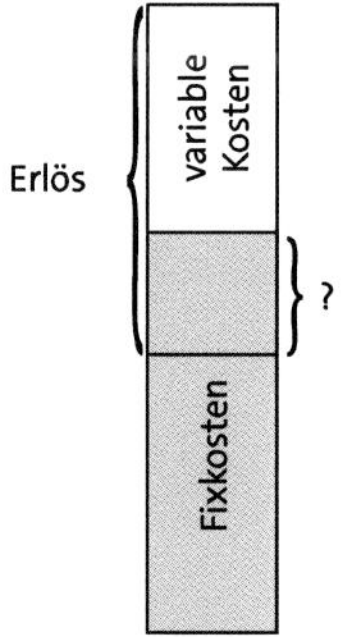

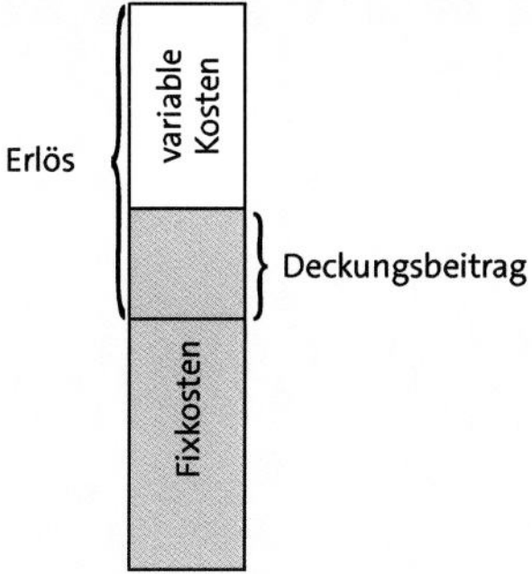

Das Fragezeichen steht für den Deckungsbeitrag.

Formel:

Deckungsbeitrag = Erlöse - variable Kosten

Worin liegt die Besonderheit einer mehrstufigen Deckungsbeitragsrechnung?

Fixkosten entstehen im Unternehmen auf verschiedenen Stufen, z. B.:

- Unternehmensfixkosten
- Bereichsfixkosten
- Erzeugnisgruppenfixkosten
- Erzeugnisfixkosten

Mit der stufenweisen Deckungsbeitragsrechnung werden die Kosten nur auf der Ebene umgelegt, auf der sie **verursachungsgerecht zuordenbar** sind.

Können Sie die Aufgaben der Kostenstellenrechnung beschreiben?

Die **Kostenstellenrechnung** verbindet die Kostenarten- und die Kostenträgerrechnung.

Ihre **Aufgaben** sind:

- Verteilung der Gemeinkosten auf die Kostenträger
- Sekundärkostenverrechnung
- Ermittlung der Gemeinkostenzuschlagssätze

→ **Karten 469 bis 474**

Welches ist das zentrale Instrument der Kostenstellenrechnung?

Als zentrales Instrument der Kostenstellenrechnung wird der **Betriebsabrechnungsbogen (BAB)** genutzt.

Nach welchen Kriterien können Kostenstellen gebildet werden?

Kostenstellen können z. B. nach folgenden Kriterien gebildet werden:

- nach Funktionsbereichen (z. B. Materialkostenstellen, Fertigungskostenstellen. Vertriebskostenstellen)
- nach Verantwortungsbereichen
- nach räumlichen Aspekten
- nach leistungstechnischen Gesichtspunkten (z. B. Hauptkostenstellen, Nebenkostenstellen, Hilfskostenstellen)

Bei der innerbetrieblichen Leistungsverrechnung werden die Hilfskostenstellen auf die Hauptkostenstellen verteilt. Welche Verfahren dazu kennen Sie?

Verfahren zur **Verteilung der Hilfskostenstellen** auf die Hauptkostenstellen:

- Anbauverfahren (auch Blockverfahren)
- Stufenleiterverfahren
- Gleichungsverfahren (auch mathematisches Verfahren)
- Iterationsverfahren (auch Annäherungsverfahren)

→ **Karte 472**

Können Sie „Hilfskostenstellen“ und „Hauptkostenstellen“ unterscheiden? Nennen Sie jeweils zwei Beispiele.

- Hilfskostenstellen **unterstützen** den eigentlichen Leistungsprozess, ohne direkt daran beteiligt zu sein.

  Beispiele: *Energieversorgung, Werkschutz, Kantine*

- Die Kosten von Hauptkostenstellen können – mithilfe von Kostenschlüsseln – **direkt den Kostenträgern zugeordnet** werden.

  Beispiele: *Material, Fertigungslöhne*

→ **Karten 474, 475**

Welche Anforderungen sollten bei der Bildung von Kostenstellen berücksichtigt werden?

- **Eindeutigkeit:** Kosten müssen eindeutig zugeordnet werden können.
- **Einheitliche Maßgrößen:** Eine verursachungsgerechte Verrechnung muss gewährleistet sein.
- **Verantwortungsbereich:** Eine wirksame Steuerung muss möglich sein.
- **Ausmaß:** Durch die Bildung von Kostenstellen muss ein Informationsgewinn erreicht werden.

Die Verrechnung der Gemeinkosten durch die Kostenstellenrechnung erfolgt in drei Schritten. Welche sind das?

Verrechnung der Gemeinkosten durch die Kostenstellenrechnung in drei Schritten:

1. Ermittlung und Verteilung der primären Gemeinkosten auf die Kostenstellen.
2. Innerbetriebliche Leistungsverrechnung zwischen den Kostenstellen.
3. Ermittlung von Istgemeinkostenzuschlägen.

→ **Karte 475**

Nach welchen Prinzipien können die Kosten verrechnet werden?

Kostenverrechnungsprinzipien:

- **Kostenverursachungsprinzip:**

  Den Kostenträgern werden nur Kosten zugerechnet, die sie tatsächlich verursacht haben. Das können nur Einzelkosten sein.

- **Proportionalitätsprinzip:**

  Die Gemeinkosten werden proportional zu festgelegten Hilfsgrößen (z. B. Flächen, Mengen) verteilt.

- **Durchschnittsprinzip:**

  Gleichmäßige Verteilung der Gemeinkosten auf die Kostenträger durch Division.

- **Kostentragfähigkeitsprinzip:**

  Die Kosten werden den Kostenträgern (nicht verursachungsgerecht) entsprechend ihrer Belastbarkeit zugeordnet. Je höher der Gewinnbeitrag eines Kostenträgers, desto höher seine Belastbarkeit.

Zur Feststellung der Preisuntergrenze existieren zwei gängige Verfahren. Welche sind das?

1. **Langfristige Preisuntergrenze:**
   Die Gesamtkosten müssen durch die Gesamterlöse gedeckt sein **(Break-even-Point)**.
2. **Kurzfristige Preisuntergrenze:**
   Die variablen Kosten müssen durch die Erlöse gedeckt sein **(Deckungsbeitrag ≥ 0)**.

→ **Karten 478, 479**

Was versteht man unter „Kostenträger"?

Kostenträger sind die hergestellten Leistungen eines Unternehmens, denen in der Kosten- und Leistungsrechnung die entstandenen Kosten zugewiesen werden.

Wie bezeichnet man den markierten Punkt in dieser Skizze?

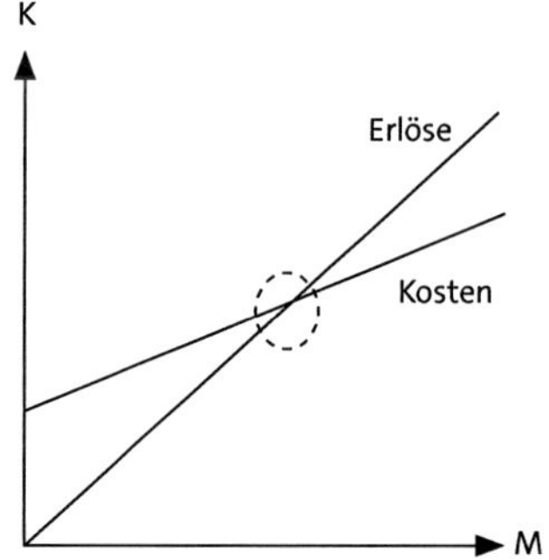

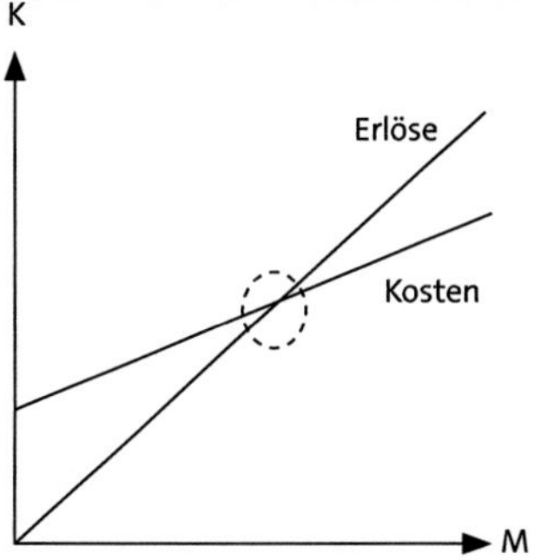

Den markierten Punkt bezeichnet man als **Break-even-Point**.

→ **Karte 479**

Wie ermitteln Sie den Break-even-Point aus den folgenden Angaben?

Stück	Fixkosten	variable Kosten	Verkaufserlös	Gewinn/Verlust
0	24.000 €	0 €	0 €	
1	24.000 €	500 €	800 €	
10	24.000 €	5.000 €	8.000 €	
80	24.000 €	40.000 €	64.000 €	
100	24.000 €	50.000 €	80.000 €	
1.000	24.000 €	500.000 €	800.000 €	

Stück	Fixkosten	variable Kosten	Verkaufserlös	Gewinn/Verlust
0	24.000 €	0 €	0 €	- 24.000 €
1	24.000 €	500 €	800 €	- 23.700 €
10	24.000 €	5.000 €	8.000 €	- 21.000 €
80	**24.000 €**	**40.000 €**	**64.000 €**	**0 €**
100	24.000 €	50.000 €	80.000 €	6.000 €
1.000	24.000 €	500.000 €	800.000 €	276.000 €

Der **Break-even-Point** wird bei einer Menge von **80 Stück** erreicht.

Wie ermittelt man den Maschinenstundensatz? Wie lautet die Formel?

$$\textbf{Maschinenstundensatz} = \frac{\text{Maschinenkosten pro Jahr}}{\text{Maschinenlaufzeit pro Jahr}}$$

→ **Karte 481**

Was sind maschinenabhängige Fertigungsgemeinkosten? Nennen Sie Beispiele.

Maschinenabhängige Fertigungsgemeinkosten sind beispielsweise:

- kalkulatorische Abschreibungen
- kalkulatorische Zinsen
- Instandhaltungskosten
- Raumkosten
- Energiekosten
- Werkzeugkosten

Können Sie die Istkostenrechnung von der Normalkostenrechnung und der Plankostenrechnung abgrenzen?

- **Istkostenrechnung:**

  Erfassung und Verrechnung der tatsächlich angefallenen Kosten (vergangenheitsbezogen).

- **Normalkostenrechnung:**

  Erfassung und Verrechnung durchschnittlicher Istwerte vergangener Perioden, um zufällige Einflüsse auszuschließen.

- **Plankostenrechnung:**

  Berechnungen mit vorgegebenen Plangrößen bei ordnungsgemäßem Betriebsverlauf (zukunftsbezogen).

→ **Karten 483 bis 491**

Was ist unter Plankostenrechnung zu verstehen?

Mit der **Plankostenrechnung** werden die Kosten für eine zukünftige Periode geplant.

Durch eine differenzierte Abweichungsanalyse können danach die Ursachen für eine Kostenüberdeckung bzw. -unterdeckung untersucht werden.

Was ist der Beschäftigungsgrad? Wie lautet die Formel zu seiner Berechnung?

Der **Beschäftigungsgrad** zeigt die Relation zwischen der geplanten und der tatsächlichen Beschäftigung:

$$\textbf{Beschäftigungsgrad in \%} = \frac{\text{Istbeschäftigung}}{\text{Planbeschäftigung}} \cdot 100$$

Mit der Plankostenrechnung werden verschiedene Arten von „Abweichungen“ ermittelt. Welche kennen Sie?

Unterschieden werden bei der **Plankostenrechnung** folgende Arten von **„Abweichungen“**:

- Beschäftigungsabweichungen,
- Preisabweichungen und
- Verbrauchsabweichungen.

→ **Karten 488, 489**

Was ist das entscheidende Kriterium einer „starren" Plankostenrechnung?

Die **starre Plankostenrechnung** bezieht sich immer auf eine bestimmte **Ausbringungsmenge**, eine Anpassung an Beschäftigungsänderungen wird nicht vorgenommen.

→ **Karte 487**

Was ist die Besonderheit bei der „flexiblen“ Plankostenrechnung?

Bei der **flexiblen Plankostenrechnung** wird nachträglich die Kapazitätsplanung an die Istbeschäftigung angepasst.

Dazu ist die Aufteilung der Plankosten in fixe und variable Kosten erforderlich.

→ **Karte 486**

Wie nennt man den Unterschied zwischen verrechneten Plankosten und Sollkosten?

Der Unterschied zwischen verrechneten Plankosten und Sollkosten ist in der Plankostenrechnung die **Beschäftigungsabweichung**.

Wie nennt man den Unterschied zwischen Sollkosten und Istkosten?

Der Unterschied zwischen Sollkosten und Istkosten ist in der Plankostenrechnung die **Verbrauchsabweichung**.

Nehmen Sie an: Die verrechneten Plankosten betragen 120.000 GE. Die Beschäftigungsabweichung beträgt -12.000 GE. Wie hoch sind die Sollkosten?

Berechnung:

120.000 GE + 12.000 GE = 132.000 GE

Die **Sollkosten** betragen 132.000 GE.

Nehmen Sie an: Die Istkosten betragen 570.000 GE.
Die Sollkosten betragen 528.000 GE.
Wie hoch ist die Verbrauchsabweichung?

Berechnung:

528.000 GE - 570.000 GE = - 42.000 GE

Die **Verbrauchsabweichung** beträgt - 42.000 GE.

Wie lautet die deutsche Bezeichnung für „Target Costing“?

Die deutsche Bezeichnung für „Target Costing" lautet **„Zielkostenrechnung"**.

→ **Karten 493, 494**

Was ist die grundsätzliche Idee der Zielkostenrechnung?

Die **Zielkostenrechnung** geht vom erzielbaren Marktpreis aus, der durch die Nachfrage bestimmt wird.

Zu Beginn der Produktentwicklung müssen **bindende Kostenvorgaben** existieren.

Das Produkt wird dann so entwickelt, dass seine Produktionskosten die Zielvorgabe nicht überschreiten.

→ **Karte 494**

Wofür steht das Fragezeichen in der rechten Skizze?

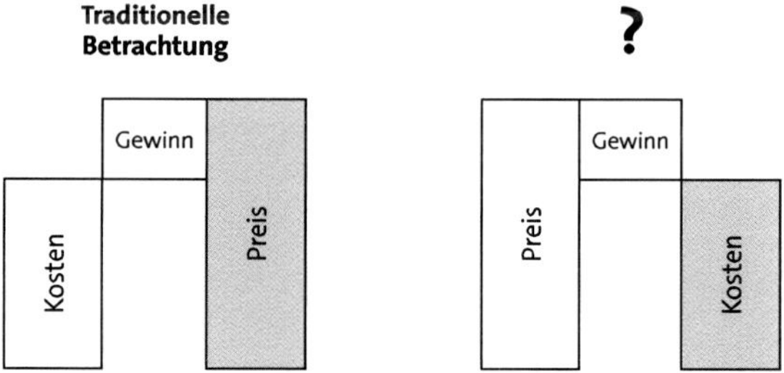

Die rechte Skizze zeigt das Prinzip der **Zielkostenrechnung**.

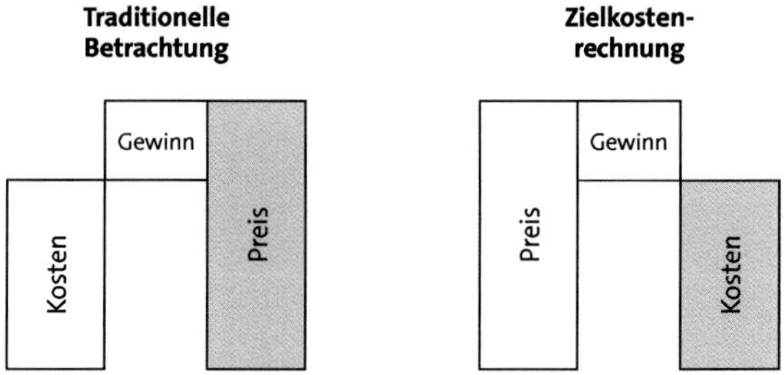

Welche Ziele werden mit der Prozesskostenrechnung verfolgt?

Die **Prozesskostenrechnung** soll

- die **Kostentransparenz** (insbesondere bei den indirekten Kosten) erhöhen,
- den **Ressourcenverbrauch** effektiver machen,
- die **Kapazitätsauslastung** transparenter machen,
- die **Produktkalkulation** verbessern.

→ **Karte 496**

Welches Prinzip liegt der Prozesskostenrechnung zugrunde?

Der **Prozesskostenrechnung** liegen folgende **Prinzipien** zugrunde:

- Der Produktionsprozess wird in Teilprozesse zerlegt.
- Leistungsbereiche werden neu gebildet.
- Diesen Bezugsgrößen werden die Kosten entlang der Wertschöpfungskette neu zugeordnet.
- Dadurch werden Kostentreiber erkennbar.

Wie lautet prinzipiell die Formel zu Ermittlung der Produktivität?

$$(1)\ \textbf{Produktivität} = \frac{\text{Mengenergebnis der Faktorkombination}}{\text{Faktoreinsatzmenge}}$$

$$(2)\ \textbf{Produktivität} = \frac{\text{Output}}{\text{Input}}$$

Was sind eigentlich Kosten?

Als **Kosten** bezeichnet man den bewerteten Leistungsverzehr zur Erstellung der betrieblichen Leistung in einer Periode.

→ **Karten 430, 432 bis 438**

Welche Aufgaben soll die Kosten- und Leistungsrechnung erfüllen?

Die **Kosten- und Leistungsrechnung** soll folgende **Aufgaben** erfüllen:

- Dokumentation
- Ermittlung des Betriebsergebnisses
- Ermittlung der Selbstkosten zu Kalkulationszwecken
- Ermittlung des Break-even-Points
- Bewertung von fertigen und unfertigen Erzeugnissen
- Kontrolle der Wirtschaftlichkeit

Nach welchen Kriterien können die Kosten eingeteilt werden?

Kosten können nach folgenden Kriterien eingeteilt werden:

- **Einteilung nach Art der verbrauchten Produktionsfaktoren:**

  Arbeitskosten, Betriebsmittelkosten, Werkstoffkosten, Kapitalkosten, Dienstleistungskosten, Absatzkosten, Wagniskosten, Steuern und Gebühren, Sonderkosten

- **Einteilung nach Betriebsfunktionen:**

  z. B. Material, Fertigung, Verwaltung, Vertrieb

- **Einteilung nach dem Grad der Mengenverrechnung:**

  Gesamtkosten, Sortenkosten, Stückkosten

- **Einteilung nach der Zuordnungsmöglichkeit zu den Leistungen:**

  Einzelkosten (direkt zurechenbar), Gemeinkosten (nicht direkt zurechenbar)

- **Einteilung nach der Reagibilität auf Änderungen der Beschäftigung:**

  Variable Kosten, fixe Kosten

Wie werden Auszahlungen gegen Ausgaben, Aufwendungen und Kosten abgegrenzt?

- Jeder Abfluss von Zahlungsmitteln wird als **Auszahlung** bezeichnet. Veränderung des Barvermögens.
- **Ausgaben** sind die Auszahlungen zuzüglich der Zunahme an Verbindlichkeiten und der Abnahme von Forderungen. Veränderung des Geldvermögens.
- **Aufwand** ist der gesamte Werteverzehr, das Gesamtvermögen sinkt.
- **Kosten** sind der Werteverzehr zur Erstellung der betrieblichen Leistungen. Sie können mengen- und wertmäßig erfasst werden. Betriebsfremder Werteverzehr wird nicht berücksichtigt, wohl aber die kalkulatorischen Kosten.

→ **Karte 431**

Wo liegt (konkret) der Unterschied zwischen Auszahlungen und Ausgaben?

- **Auszahlungen:**

  Zahlungsmittelabfluss

  (Minderung des Geldbestandes)

- **Ausgaben:**

  Auszahlungen + Forderungsabgänge + Schuldenzugänge

  (Minderung des Geld- und Kreditbestandes)

Wie werden die Kosten genannt, die den Aufwendungen entsprechen?

Kosten, die den Aufwendungen entsprechen, nennt man **Grundkosten**.

→ **Karten 434 bis 437**

Gibt es auch Aufwand, der keine Kosten darstellt?

Neutraler Aufwand ist Aufwand, der keine Kosten verursacht.

Was ist unter kalkulatorischen Kosten zu verstehen?

Kalkulatorische Kosten sind in der Finanzbuchhaltung nicht oder nicht in derselben Höhe enthalten. Ihnen steht kein oder kein gleich hoher Aufwand gegenüber.

Sie dienen der Erfassung des tatsächlichen Werteverzehrs.

→ **Karten 435, 437**

Welche kalkulatorischen Kostenarten kennen Sie?

Kalkulatorische Kostenarten:

- Kalkulatorische **Wagnisse**
- Kalkulatorische **Abschreibungen**
- Kalkulatorische **Miete**
- Kalkulatorischer **Unternehmerlohn**
- Kalkulatorische **Zinsen**

Wie nennt man Kosten, die kein Aufwand sind?

Kosten, die kein Aufwand sind, nennt man **Zusatzkosten.**

Was unterscheidet Zusatzkosten von Anderskosten?

- **Anderskosten:**

  Sie werden bereits in der Finanzbuchhaltung als Aufwand erfasst, in der KLR aber in anderer Höhe berücksichtigt.

- **Zusatzkosten:**

  Es liegt kein Aufwand vor, aber der Werteverzehr wird in der KLR erfasst.

→ **Karte 438**

Kennen Sie zwei Beispiele für Anderskosten?

Anderskosten

► **Beispiel 1:**

Kalkulatorische Zinsen ↔ tatsächlich gezahlte Zinsen

► **Beispiel 2:**

Kalkulatorische Abschreibungen ↔ bilanzielle Abschreibungen

→ **Karte 439**

Wodurch unterscheiden sich die bilanziellen Abschreibungen der Finanzbuchhaltung von den kalkulatorischen Abschreibungen der Kostenrechnung?

- In der **Finanzbuchhaltung** werden die **Anschaffungs- bzw. Herstellungskosten** abgeschrieben.

  In der **Kostenrechnung** erfolgt die Abschreibung vom **Wiederbeschaffungswert**.

- Die **Nutzungsdauer** richtet sich in der **Finanzbuchhaltung** i. d. R. nach den **AfA-Tabellen**.

  In der **Kostenrechnung** wird von der tatsächlich **erwarteten Nutzungsdauer** ausgegangen.

Man sagt, Führung setze Autorität voraus. Können Sie kurz die vier Arten von Autorität beschreiben?

Vier Arten von Autorität:

1. **Formale Autorität** beruht auf der Anerkennung hierarchischer Befugnisse.
2. **Personale Autorität** entsteht durch Anerkennung von sozialen Eigenschaften.
3. **Funktionale Autorität** beruht auf Fachwissen.
4. **Organisationsautorität** beruht auf der Kompetenz bei der Lenkung sozialer Prozesse.

Nach welchen Kriterien sind die Führungsstile von Blake/Mouton beschrieben worden?

Die Führungsstile von Blake/Mouton mit den Kriterien **„Mitarbeiterorientierung“** und **„Aufgabenorientierung“** werden in jeweils neun Stufen erfasst.

Im sog. „Managerial Grid“ lassen sich so theoretisch 81 Führungsstile beschreiben.

→ **Karte 531**

Was versteht man unter „intrinsischer Motivation“?

Die **intrinsische Motivation** ergibt sich aus den **Grundbedürfnissen des Menschen**; sie benötigt keine externen Anstöße wie Belohnungen oder Sanktionen.

→ **Karte 555**

Was ist die zentrale Annahme der Gleichheitstheorie?

Nach der **Gleichheitstheorie** vergleichen sich Mitarbeiter permanent mit ihren Kollegen. Ihre Arbeitsmotivation ist dann besonders ausgeprägt, wenn sie sich im Vergleich gerecht behandelt fühlen. Eine vollständige Gleichbehandlung ist nicht erforderlich.

Welche Verfahren zur Personalplanung kennen Sie?

Verfahren zur **Personalplanung:**

- Schätzverfahren
- Globale Bedarfsprognose
- Kennzahlenmethode
- Stellenplanmethode
- Arbeitsstudien

→ **Karte 541**

Was versteht man unter „Personalmarketing“?

Unternehmen stellen sich beim „Personalmarketing“ als **attraktiv für Stellenbewerber** dar. Sie können dann aus einer größeren Anzahl von Interessenten auswählen und tendenziell die besseren Mitarbeiter einstellen.

Welche Personalentwicklungsmaßnahmen werden als „Weiterbildung“ bezeichnet?

Maßnahmen zur Weiterbildung beziehen sich auf **zusätzliche Qualifikationen zur beruflichen Neuorientierung**.

Was versteht man unter „Job Enrichment“?

Beim Job Enrichment werden **Entscheidungskompetenzen** eines Mitarbeiters mit oder ohne Übertragung zusätzlicher Aufgaben **erweitert**.

Nach welchem Schema wird der quantitative Personalbedarf ermittelt?

Ermittlung des quantitativen Personalbedarfs:

	vorhandene Stellen
+	neue Stellen
-	entfallende Stellen
=	**Bruttopersonalbedarf**
-	aktuell besetzte Stellen
+	feststehende Abgänge
+	wahrscheinliche Abgänge
=	**Nettopersonalbedarf**

→ **Karten 537, 542**

Was versteht man unter „Personalmehrbedarf"? Nennen Sie zwei Beispiele.

Bei Personalmehrbedarf müssen **neue Stellen** besetzt werden, obwohl sich der **Output nicht verändert**, z. B. durch Arbeitszeitverkürzung oder gesetzliche Vorschriften.

→ **Karten 537, 541**

Was kann man aus einer Stellenbeschreibung ersehen?

Aus einer **Stellenbeschreibung** kann man z. B. Folgendes ersehen:

- Bezeichnung der Stelle
- Einordnung der Stelle in die Unternehmensorganisation
- Regelungen zur Stellvertretung
- Fachaufgaben
- Führungsaufgaben
- Formale Anforderungen

→ **Karte 544**

Wodurch unterscheidet sich ein Stellenplan von einem Stellenbesetzungsplan?

Ein **Stellenplan** enthält – personenunabhängig – **alle** in einem Unternehmen **benötigten Stellen**, auch die nicht besetzten. Der Stellenplan hat einen Soll-Charakter.

Ein **Stellenbesetzungsplan** enthält nur die **tatsächlich besetzten Stellen.** Außer dem Namen des Stelleninhabers enthält er zusätzliche Informationen wie z. B. Eintrittsjahr, Gehaltsgruppe und Vollmachten.

→ **Karte 543**

Welche Vorteile ergeben sich durch eine interne Personalbeschaffung?

Bei der **internen Personalbeschaffung** erfolgt die Besetzung von Stellen **mit Mitarbeitern, die bereits im Unternehmen sind**. Dadurch ergeben sich z. B. folgende Vorteile:

- Die Beschaffung ist schnell und kostengünstig.
- Das Auswahlrisiko ist gering.
- Das Gehaltsgefüge wird nicht verändert.
- Die bisherige Stelle wird frei.

Welche Möglichkeiten der externen Personalbeschaffung kennen Sie? Nennen Sie Beispiele.

Bei der **externen Personalbeschaffung** werden **neue Mitarbeiter außerhalb des Unternehmens** auf dem Arbeitsmarkt gesucht. Beispielsweise über:

- Stellenanzeigen
- Arbeitsvermittlung
- Personalberater
- Messen
- Internet

Welchen Phasen folgt ein Moderationszyklus?

Phasen eines **Moderationszyklus:**

1. Einstieg
2. Themensammlung
3. Auswahl der Themen
4. Bearbeitung der ausgewählten Themen
5. Planung von konkreten Maßnahmen
6. Abschluss

Es gibt drei grundsätzliche Arten von Konflikten. Welche sind das?

1. **Intrapersonelle Konflikte** ergeben sich durch unterschiedliche Bestrebungen bei einer Person.
2. **Interpersonelle Konflikte** bestehen zwischen verschiedenen Personen oder Gruppen.
3. **Organisatorische Konflikte** ergeben sich aus den Abläufen innerhalb einer Organisation.

→ **Karte 549**

Was können mögliche Konfliktursachen sein?

Mögliche **Konfliktursachen:**

- Bei einem **Verteilungskonflikt** versuchen die Beteiligten, sich auf Kosten der anderen einen größeren Anteil an begrenzten Ressourcen zu sichern.
- Bei einem **Zielkonflikt** verfolgen die Beteiligten jeweils Ziele, die sich widersprechen.
- Bei einem **Rollenkonflikt** stimmen die Anforderungen mit den Kompetenzen nicht überein.
- Bei einem **Wahrnehmungskonflikt** wird ein Sachverhalt unterschiedlich beurteilt.
- Ein **Beziehungskonflikt** ist in den beteiligten Personen begründet.
- Bei einer **Verletzung des Territoriums** wird der eigene Handlungsbereich auf Kosten von anderen ausgedehnt.

→ **Karte 548**

Welche Rolle hat ein Mediator?

Ein **Mediator** versucht aus einer **neutralen Position** die Kommunikation zwischen Konfliktparteien so zu lenken, dass eine Vereinbarung getroffen werden kann, die den jeweiligen Bedürfnissen und Interessen entspricht.

Der Mediator trifft selbst keine Entscheidungen und gibt auch keine Empfehlungen. Ohne die Zustimmung beider Konfliktparteien kann keine Konfliktlösung erfolgen.

Unter welchen Aspekten muss eine Präsentation vorbereitet werden?

Aspekte zur **Vorbereitung einer Präsentation:**

- **Organisatorisch:** Prüfung der Rahmenbedingungen
- **Inhaltlich:** Fachliche Detailplanung
- **Methodisch:** Festlegung der Vorgehensweise unter Berücksichtigung der Zielgruppe
- **Persönlich:** Vermeidung von denkbaren Risiken

Wodurch entstehen nonverbale Sprachbarrieren bei interkultureller Kommunikation?

Nonverbale Sprachbarrieren bei interkultureller Kommunikation entstehen z. B. durch

- Sitten,
- Gebräuche oder
- unterschiedliche Wahrnehmungsmuster.

→ **Karte 554**

Mit welchen präventiven Strategien können Konflikte vermieden werden?

Präventiven Strategien zur Vermeidung von Konflikten:

- **Organisatorische Strategie:** Koordinierende Maßnahmen
- **Persuative Strategie:** Appell an die Vernunft der Beteiligten
- **Normenstrategie:** Festlegung von verbindlichen Regelungen

Im Zusammenhang mit interkultureller Kommunikation unterscheidet man zwischen Sitten und Gebräuchen. Worin liegt der Unterschied?

Sitten sind **Verhaltensweisen**, die in einem Kulturkreis gesellschaftlich gefordert und erwartet werden.

Gebräuche sind dagegen **Gewohnheiten** von Einzelnen oder sozialen Gruppen.

→ **Karte 552**

Warum soll die Motivation der Mitarbeiter gefördert werden?

Durch Motivation soll die **Bereitschaft der Mitarbeiter gefördert** werden, **sich mit ihrer individuellen Berufs- und Arbeitssituation auseinanderzusetzen** und ihre Ziele aus eigener Initiative dauerhaft zu verfolgen.

Die Zielerreichung muss bewusst wahrgenommen und im Gedächtnis gespeichert werden.

Die Anreize dazu können in einer Handlung selbst **(Primärmotivation)** oder in der Belohnung des Handlungsergebnisses **(Sekundärmotivation)** bestehen.

→ **Karte 535**

Nach einem bekannten Kommunikationsmodell können jeder Nachricht vier Aspekte zugeordnet werden. Kennen Sie diese?

Vier Aspekte einer Nachricht nach *Schulz von Thun*:

1. Sachseite
2. Selbstkundgabe
3. Beziehungsseite
4. Appellseite

→ **Karte 527**

„Sie haben auf ein falsches Konto gebucht.“ Können Sie anhand dieser Aussage die vier Aspekte einer Nachricht konkretisieren?

1. Konto 111 ist falsch, richtig wäre 112.
2. Ihr Fehler ist ärgerlich.
3. Ich bin mit Ihrer Leistung unzufrieden.
4. Strengen Sie sich gefälligst mehr an.

Der österreichische Philosoph und Psychotherapeut Paul Watzlawick hat einmal sehr plakativ formuliert: „Man kann nicht nicht kommunizieren." Können Sie diese Behauptung erläutern?

Watzlawick will darauf hinweisen, dass wir nicht nur durch Sprache kommunizieren, sondern auf vielfache Weise auch nonverbal. Deshalb findet **Kommunikation immer** statt, **wenn sich Menschen begegnen**.

Kennen Sie die Transaktionsanalyse? Welche Kernaussage können Sie skizzieren?

Bei der Kommunikation werden **drei Ich-Zustände** unterschieden:

- Eltern-Ich
- Erwachsenen-Ich
- Kind-Ich

Nach diesem Modell ist die Kommunikation gestört, wenn verschiedene Ich-Zustände miteinander kommunizieren.

Kennen Sie den Unterscheid zwischen offenen und geschlossenen Fragen?

Geschlossene Fragen können nur mit „ja“ oder „nein“ beantwortet werden.

Offene Fragen werden auch „W-Fragen“ genannt, weil sie mit einem Fragewort beginnen und die Möglichkeit bieten, Meinungen ausführlich darzustellen.

Von Hersey/Blanchard ist ein Führungsstil vorgeschlagen worden, der sich am „Reifegrad“ orientieren soll.

Was ist damit gemeint?

Der **Reifegrad** beschreibt den **Umfang von Fachwissen, Fertigkeiten und Erfahrung**. Bei geringen Fähigkeiten soll der Führungsstil zunächst anweisend sein. Wenn sich die Kompetenzen des Mitarbeiters erhöht haben, soll der Führungsstil so verändert werden, dass mehr Verantwortung übertragen wird. Unterschieden werden dabei autoritärer, partizipativer, integrierender und delegierender Führungsstil.

→ **Karten 532, 534**

Was ist ein verhaltens-orientierter Führungsstil?

Bei einem verhaltensorientierten Führungsstil steht das **Verhalten des Vorgesetzten** als Erfolgsfaktor **im Vordergrund**. Die klassischen Führungsstile (autoritär bis kooperativ) beruhen auf diesem Ansatz.

→ **Karte 531**

Um welche Art der Finanzierung handelt es sich, wenn Kapital aus dem betrieblichen Leistungsprozess beschafft wird?

Wenn Kapital aus dem betrieblichen Leistungsprozess beschafft wird, handelt es sich dabei um eine **Innenfinanzierung**.

Wodurch entstehen Prozessrisiken? Nennen Sie typische Beispiele.

Prozessrisiken entstehen durch die **mangelhafte Organisation bzw. Funktionsfähigkeit** von Geschäftsprozessen.

Typische Prozessrisiken entstehen durch

- lange Entscheidungswege mit langsamen Entscheidungen,
- unzureichende betriebswirtschaftliche und technische Kenntnisse,
- unklare Aufgabenstellungen,
- unvollständige und unklare Beschreibungen der Abläufe,
- unklare Verantwortlichkeiten,
- ungeeignetes Personal ohne notwendige Fachkenntnisse,
- unzulässige Nutzung der IT-Technik,
- unzureichende Kontrollen,
- sehr hohe Komplexität.

Wodurch unterscheiden sich präventive und detektive Kontrollen?

Präventive (vorsorgende) Kontrollen sollen Fehler verhindern.

Detektive (aufdeckende) Kontrollen sollen Fehler und Betrug rechtzeitig erkennen und abstellen.

Die Kontrollen werden entweder durch den Menschen oder durch ein System durchgeführt.

→ **Karte 501**

Gerade bei Unternehmensgründungen werden mögliche betriebliche Risiken falsch eingeschätzt. Kennen Sie einige dieser Risiken?

Mögliche Risiken bei Unternehmensgründungen:

- **Finanzierung:** Der Kapitalbedarf wird unterschätzt.
- **Erfahrung:** Es fehlt an kaufmännischen Kenntnissen.
- **Private Einflüsse:** Die Belastung wird unterschätzt.
- **Marktanalyse:** Die eigenen Chancen werden zu positiv gesehen.
- **Überschätzung:** Der Umsatz ist im Verhältnis zu den Kosten zu niedrig.

→ **Karten 499 bis 501, 519**

Mit welchen Versicherungen kann ein Selbstständiger seine Risiken abdecken?

Versicherungen für Selbstständige, z. B.:

- Betriebshaftpflicht
- Produkthaftpflicht
- Vermögensschadenhaftpflicht
- Inhaltsversicherung
- Maschinenversicherung
- Elektronikversicherung
- Betriebsschließungsversicherung

→ **Karte 525**

Man unterscheidet zwischen betrieblichen und persönlichen Risiken. Können Sie einige persönliche Risiken nennen?

Persönliche Risiken, z. B.:

- Fehlende Branchenerfahrung
- Inkonsequentes Vorgehen
- Familiäre Belastungen
- Leichtsinn

→ **Karten 506, 519**

Was ist die Hauptaufgabe des Risikocontrollings?

Aufgabe des Risikocontrollings ist die **Früherkennung von Risiken**.

→ **Karten 503, 505**

Wie kann die Risikoüberwachung in die Organisation integriert werden?

Integration der **Risikoüberwachung** in die Organisation:

- **Dezentral:** Die Leitung jeder Organisationseinheit ist für die Identifikation, Bewertung und Steuerung der Risiken in ihrem Verantwortungsbereich zuständig.
- **Zentral:** Alle Aufgaben des Risikomanagements werden auf eine einzige eigenständige und unabhängige Organisationseinheit (z. B. einen Stab) übertragen.

Es gibt grundsätzlich vier Möglichkeiten, mit erkannten Risiken umzugehen. Können Sie diese nennen?

Umgang mit Risiken:

1. Risiken vermeiden
2. Risiken verringern
3. Risiken auf andere überwälzen
4. Restrisiken selbst tragen

→ **Karte 501**

Datenverlust gehört für ein Unternehmen zu den existenziellen Risiken. Welche grundsätzlichen Systeme der Datensicherung können eingesetzt werden?

Systeme der **Datensicherung** sind z. B.:

- Volldatensicherung
- Inkrementelle Sicherung
- Differenzielle Sicherung

Was versteht man unter „externen Risiken“?

Externe Risiken ergeben sich aus Rahmenbedingungen, die von dem Unternehmen nicht direkt beeinflusst werden können.

Beispiele:

- *Veränderungen der Marktsituation*
- *Verschlechterung der allgemeinen Wirtschaftslage*
- *Rechtliche Beschränkungen*
- *Technologische Entwicklungen*

Die Gegensteuerung erfolgt aber durch Maßnahmen des Unternehmens.

Was versteht man unter „internen Risiken“?

Interne Risiken entstehen im Unternehmen selbst. Sie sind deshalb auch durch das Unternehmen zu beeinflussen.

Beispiele:

- *Ausfall von Maschinen*
- *Datensicherheit*
- *Ausfall von Forderungen*
- *Mangelnde Qualifikation der Mitarbeiter*
- *Kommunikationswege*

Die Möglichkeiten zur Gegensteuerung liegen allein beim Unternehmen selbst.

→ **Karte 508**

Wie kann „Risikomanagement“ allgemein definiert werden?

Risikomanagement bedeutet, dass Risiken frühzeitig erkannt und durch vorbeugende Maßnahmen so weit wie möglich minimiert werden sollen, bevor Probleme entstehen.

Was sind „Fraud-Indikatoren“?

„Fraud" ist die englische Bezeichnung für „Betrug, List, Täuschung, Unterschlagung".
Fraud-Indikatoren beschreiben die notwendingen **Bedingungen**:

1. Es muss die Möglichkeit für eine solche Tat bestehen.
2. Es muss ein Motiv vorhanden sein.
3. Der Täter muss einen entsprechenden Charakter haben.

Wo finden sich im HGB Hinweise auf die Notwendigkeit eines internen Kontrollsystems (IKS)?

Folgende Paragrafen enthalten Hinweise auf die Notwendigkeit eines IKS:

- **§ 289 Abs. 2 HGB:** Im Lagebericht ist einzugehen auf die Risikomanagementziele und -methoden.
- **§ 315 Abs. 2 HGB:** Im Konzernlagebericht ist einzugehen auf die Risikomanagementziele und -methoden.

Müssen die Wirtschaftsprüfer das Risikomanagement beurteilen?

- Die Abschlussprüfung ist so durchzuführen, dass **Verstöße** gegen gesetzliche Vorschriften, die Satzung oder den Gesellschaftsvertrag **erkannt** werden.
- Nach IDW PS 261 „Feststellung und Beurteilung von Fehlerrisiken und Reaktionen des Abschlussprüfers auf die beurteilten Fehlerrisiken" muss sich der Abschlussprüfer auch einen **Überblick über den Umgang** des Managements **mit Geschäftsrisiken** verschaffen.

Können Sie das „Vier-Augen-Prinzip“ erklären?

Das „Vier-Augen-Prinzip“ gehört zu den vier Prinzipien, auf denen ein angemessenes und effektives IKS beruht.

Kein **wichtiger Vorgang** darf allein von einer einzelnen Person durchgeführt werden, sondern muss **von einer zweiten Person geprüft** werden (Gegenkontrolle). In manchen Bereichen ist nur so ein Schutz vor Vermögensverlusten möglich.

Können Sie die Funktionen einer Risiko-Kontroll-Matrix beschreiben?

Mit einer Risiko-Kontroll-Matrix erfolgt die **systematische Zusammenstellung der bewerteten Risiken**. Sie enthält in einfacher Form die identifizierten Risiken und bietet eine Übersicht für die Analyse und Beurteilung der eingeführten Kontrollmaßnahmen.

→ **Karte 525**

Was versteht man unter Missbrauchsindikatoren?

Missbrauchsindikatoren sind **Hinweise auf möglichen Missbrauch**, nicht jedoch das Ereignis selbst. Es handelt sich um Anhaltspunkte, die auf Probleme hindeuten können.

Können Sie eine Kennzahl zu den Risiken des Anlagevermögens darstellen?

Zum Beispiel

$$\textbf{Investitionsquote} = \frac{\text{Nettoinvestitionen}}{\text{historische AK/HK}} \cdot 100$$

Die Investitionsquote zeigt (insbesondere im Vergleich mit der Abschreibungsquote), ob das Anlagevermögen tendenziell erhalten wird.

→ **Karten 209, 219**

Können Sie eine Kennzahl darstellen, mit der Personalrisiken identifiziert werden?

Zum Beispiel

$$\textbf{Fluktuationsrate} = \frac{\text{Personalabgänge}}{\text{Zahl der Mitarbeiter}}$$

oder

$$\textbf{Ausfallzeiten} = \frac{\text{Ausfallzeit in Stunden}}{\text{Sollstunden}}$$

Kennen Sie mögliche Methoden zur Identifizierung von Risiken?

Mögliche Methoden zur Identifizierung von Risiken:

- Befragung
- Prüfung von schriftlichen Unterlagen
- Besichtigungen
- Fehler-Möglichkeiten-Einfluss-Analyse
- Morphologische Analyse
- Ishikawa-Diagramm
- Fehlerbaumanalyse
- Szenarioanalyse

Kennen Sie ein Beispiel für Beschaffungsrisiken?

Beschaffungsrisiken sind z. B.:

- Ausfall von Lieferanten
- Preiserhöhungen
- Lagerrisiken

Was sagt Ihnen der Begriff „COSO“?

Das **C**ommitte **of** **S**ponsoring **O**rganizations of the Treadway Commission hat ein **internationales Standardwerk für** ein **unternehmensweites Risikomanagement** entwickelt. Es ist auf die Erreichung der Unternehmensziele fokussiert und orientiert sich dazu an den Zielkategorien

- Effektivität und Effizienz der betrieblichen Prozesse,
- Verlässlichkeit der Finanzberichterstattung,
- Einhaltung von Gesetzen und anderen Vorschriften.

→ **Karte 501**

Wie beschreiben Sie den Begriff „Risikocharakteristik"?

Risikocharakteristik:

Zur Diagnose eines Risikos müssen die Höhe des möglichen Schadens und seine Eintrittswahrscheinlichkeit ermittelt werden. Erst die Berücksichtigung beider Dimensionen ermöglicht seine Beurteilung und die Entscheidung über mögliche Gegenmaßnahmen.

→ **Karten 498, 500**

Welche Bedeutung hat die Aggregation von Risiken?

Während Einzelrisiken von untergeordneter Bedeutung sein können, kann ihre Kumulation existenzgefährdend sein, weil ihre Gesamtheit die Risikotragfähigkeit eines Unternehmens insgesamt überschreiten kann.

Erst die **Beurteilung des gesamten Risikoumfangs** ermöglicht die Einschätzung, ob ein Unternehmen die ermittelten Risiken tatsächlich dauerhaft tragen kann.

Kennen Sie Beispiele für Risikoquellen, die aus dem betrieblichen Leistungsprozess resultieren können?

Mögliche **Risikoquellen**, die **aus dem betrieblichen Leistungsprozess** resultieren können:

- Geschäftsrisiken aus dem Kernbereich des Unternehmens (z. B. Beschaffung, Absatz, Forschung)
- Finanzielle Gestaltungsspielräume (z. B. Kreditlinien, Gewinnthesaurierung)
- Operative Betriebsführung
- Personalwesen (z. B. Rekrutierung von Fachkräften, Fluktuation)
- Aufbau- und Ablauforganisation
- Unternehmensleitung (z. B. Strategie, Unternehmenskultur)

Kennen Sie Beispiele für Vertriebs- und Absatzrisiken?

Vertriebs- und Absatzrisiken:

- **Erfüllungsrisiko:** Produkte können nicht oder nicht in der nachgefragten Menge geliefert werden.
- **Verkaufsrisiko:** Für hergestellte Produkte kann kein Käufer gefunden werden.
- **Lagerrisiko:** Gelagerte Produkte verderben, werden beschädigt oder gehen verloren.
- **Transportrisiko:** Bei Lieferung können Produkte beschädigt werden oder verloren gehen.
- **Zahlungsrisiko:** Kunden kommen ihren Zahlungsverpflichtungen nicht nach.
- **Haftungsrisiko:** Z. B. Garantie- oder Schadenersatzverpflichtungen

Eine Risikobewertung erfolgt i. d. R. in fünf Schritten. Welche sind das?

Schritte der **Risikobewertung**:

1. Für die identifizierten Risiken werden die jeweiligen Einflussfaktoren ermittelt.
2. Die Eintrittswahrscheinlichkeit eines Schadens wird festgestellt.
3. Die Möglichkeit einer Wiederholung des Schadens wird abgeschätzt.
4. Die Abhängigkeiten zwischen verschiedenen Risiken werden geprüft.
5. Die Wirkung der Risiken auf die Unternehmensziele wird bestimmt.

→ **Karten 499, 512**

Wichtige, **nicht abziehbare Betriebsausgaben**:

- Aufwendungen für Geschenke, deren Anschaffungs- oder Herstellungskosten pro Jahr und Empfänger 35 € (netto) übersteigen (gilt nicht für Geschenke an Arbeitnehmer)
- 30 % der Aufwendungen für die Bewirtung aus geschäftlichem Anlass
- Aufwendungen für ein Arbeitszimmer, wenn für die betriebliche oder berufliche Tätigkeit ein anderer Arbeitsplatz zur Verfügung steht
- Geldbußen, Ordnungs- und Verwarnungsgelder, Bestechungsgelder

Welche wichtigen, nicht abziehbaren Betriebsausgaben kennen Sie?

- **Unbeschränkt abzugsfähige Sonderausgaben:**
  - Renten und dauernde Lasten
  - Gezahlte Kirchensteuer
- **Beschränkt abzugsfähige Sonderausgaben:**
  - Unterhaltsleistungen
  - Beiträge zu Versicherungen
  - Kosten der Berufsausbildung und der Weiterbildung

Welche Arten von Sonderausgaben sind unbeschränkt, welche nur beschränkt abzugsfähig?

Nicht abziehbare Aufwendungen:

- Aufwendungen zur Erfüllung von Satzungspflichten
- Steueraufwendungen einschließlich Nebenleistungen
- Geldstrafen
- Die Hälfte der Vergütungen an Mitglieder des Aufsichtsrates oder andere mit der Überwachung der Geschäftsführung beauftragte Personen

In § 10 KStG werden die nicht abziehbaren Aufwendungen geregelt.
Welche sind das?

Jeder stehende und im **Inland** betriebene **Gewerbebetrieb** unterliegt der Gewerbesteuer.

Unter Gewerbebetrieb ist ein gewerbliches Unternehmen im Sinne des Einkommensteuergesetzes zu verstehen.

Kapitalgesellschaften gelten stets als Gewerbebetrieb.

Wer muss Gewerbesteuer zahlen?

Eine **vGA** ist eine **Vermögensminderung** oder **verhinderte Vermögensmehrung**, die durch das Gesellschaftsverhältnis bedingt ist, die sich auf den Gewinn auswirkt und nicht auf einem Gewinnverteilungsbeschluss beruht.

Die Verwendung von Gewinnen darf nicht zu einer Minderung der Steuerbemessungsgrundlage führen; für die Besteuerung ist ohne Bedeutung, ob und wie das Einkommen verteilt wird (§ 8 KStG).

Wissen Sie, was eine verdeckte Gewinnausschüttung (vGA) ist?

Unternehmer ist, wer eine **gewerbliche** oder **berufliche Tätigkeit selbstständig** ausübt (§ 2 UStG).

Gewerblich oder beruflich ist jede nachhaltige Tätigkeit zur Erzielung von Einnahmen.

Wer ist umsatzsteuerlich ein Unternehmer?

Steuerbare Umsätze können nur von einem **Unternehmer** ausgeführt werden (§ 1 Abs. 1 UStG).

→ **Karte 330**

Wer ist grundsätzlich umsatzsteuerpflichtig?

Die **Umsatzsteuer** ist bei sicher **uneinbringlichen Forderungen** zu **berichtigen**.

Sie wird wie die Forderung **ausgebucht**.

→ **Karte 332**

Nehmen Sie an, eine Forderung sei uneinbringlich. Welche Folge ergibt sich für die Umsatzsteuer?

Wenn eine zu Recht ausgebuchte Forderung doch vereinnahmt wird, ist der Umsatzsteuerbetrag selbstverständlich **entsprechend zu korrigieren** (§ 17 Abs. 2 Nr. 1 Satz 2 UStG).

Was passiert umsatzsteuerlich, wenn eine zu Recht ausgebuchte Forderung doch noch vereinnahmt wird?

nwb

Voraussetzungen für den **innergemeinschaftlichen Erwerb** (§ 1a UStG):

- Ein Gegenstand muss physisch von einem Mitgliedstaat in einen anderen gelangen.
- Der Lieferant muss die Lieferung im Rahmen seines Unternehmens erbringen.
- Der Erwerber muss den Gegenstand für sein Unternehmen erwerben.

Wann liegt ein innergemeinschaftlicher Erwerb vor?

Bei einem **Reihengeschäft** wird ein **Umsatzgeschäft über denselben Gegenstand von mehreren Unternehmern** abgeschlossen (mehrere Lieferungen).

Der Gegenstand gelangt durch eine Beförderung oder Versendung unmittelbar vom ersten Unternehmer an den letzten Abnehmer.

Wann liegt ein Reihengeschäft vor?

Voraussetzungen für ein **innergemeinschaftliches Dreiecksgeschäft**:

- Drei Unternehmer schließen über denselben Gegenstand Umsatzgeschäfte ab.
- Dieser Gegenstand gelangt unmittelbar vom ersten Lieferer an den letzten Abnehmer.
- Die Unternehmen sind jeweils in verschiedenen Mitgliedsstaaten für Zwecke der Umsatzsteuer erfasst.
- Der Gegenstand gelangt vom Gebiet eines Mitgliedsstaates in das Gebiet eines anderen Mitgliedsstaates.
- Der Gegenstand wird durch den ersten Lieferer oder den ersten Abnehmer befördert oder versandt.

→ **Karte 339**

Welche sind die Voraussetzungen für ein innergemeinschaftliches Dreiecksgeschäft?

- **Notwendiges Betriebsvermögen:**

  Es dient objektiv erkennbar unmittelbar und überwiegend (> 50 %) dem betrieblichen Zweck.

- **Gewillkürtes Betriebsvermögen:**

  Dazu gehören Wirtschaftsgüter, die in einem objektiven Zusammenhang mit dem Betrieb stehen und geeignet sind, den Betrieb zu fördern, aber sowohl betrieblich wie privat genutzt werden. Der betriebliche Nutzungsanteil beträgt 10 % bis 50 %.

- **Sonderbetriebsvermögen:**

  Wirtschaftsgüter, die ein Mitunternehmer einer Personengesellschaft dem Betrieb überlässt und die deshalb in die steuerliche Gewinnermittlung einbezogen werden.

- **Notwendiges Privatvermögen:**

  Wirtschaftsgüter, die überwiegend privat genutzt werden.

Es gibt verschiedene Arten von Betriebsvermögen. Welche sind Ihnen bekannt?

Eine **Betriebsstätte** ist jede **feste Geschäftseinrichtung** oder **Anlage**, die der **Tätigkeit** eines Unternehmens dient, z. B.

- Stätte der Geschäftsleitung
- Zweigniederlassungen
- Fabrikations- oder Werkstätten
- Warenlager
- Ein- oder Verkaufsstellen

Aber: *Bewegliche Geschäftseinrichtungen mit* ***vorübergehend festem Standort*** *(z. B. Zelte, mobile Verkaufswagen) sind ebenfalls Betriebsstätten.*

Was ist eine „Betriebsstätte"?

Steuern sind **Geldleistungen**,

- die nicht eine Gegenleistung für eine besondere Leistung darstellen und
- von einem öffentlich-rechtlichen Gemeinwesen
- zur Erzielung von Einnahmen
- allen auferlegt werden,
- bei denen der Tatbestand zutrifft, an den das Gesetz die Leistungspflicht knüpft.

Die Erzielung von Einnahmen kann Nebenzweck sein (§ 3 Abs. 1 AO).

Wie wird der Begriff „Steuern“ definiert?

Steuerpflichtige sind in einem Land mit ihrem **weltweiten Einkommen steuerpflichtig**, und zwar unabhängig davon, wo die Einkünfte erzielt worden sind.

In Deutschland gilt das **Welteinkommensprinzip** bei unbeschränkter Steuerpflicht.

Was ist unter dem „Welteinkommensprinzip“ zu verstehen?

Natürliche Personen, die im **Inland** ihren **Wohnsitz** oder ihren **gewöhnlichen Aufenthalt** haben (§ 1 Abs. 1 Satz 1 EStG), sind unbeschränkt einkommensteuerpflichtig.

Wer ist unbeschränkt einkommensteuerpflichtig?

Werbungskosten sind **Aufwendungen** zur Erwerbung, Sicherung und Erhaltung der Einnahmen (§ 9 Abs. 1 EStG). Sie sind bei der Einkunftsart abzuziehen, bei der sie erwachsen sind.

Was sind „Werbungskosten“?

- Der **Wohnsitz** ist dort, wo jemand eine Wohnung hat, die er beibehalten und nutzen will (§ 8 AO).

  Hinweis: *Auf die Anmeldung oder Anwesenheit kommt es nicht an.*

- Der **gewöhnliche Aufenthalt** ist an dem Ort oder in dem Gebiet, wo jemand nicht nur vorübergehend verweilt.

  Hinweis: *Bei einem Aufenthalt von mehr als sechs Monaten Dauer ist stets ein gewöhnlicher Aufenthalt anzunehmen (§ 9 AO).*

Was ist der Unterschied zwischen „Wohnsitz“ und „gewöhnlichem Aufenthaltsort“?

Ein **Verwaltungsakt** ist

- eine hoheitliche
- Maßnahme
- einer Behörde
- zur Regelung eines Einzelfalls
- auf dem Gebiet des öffentlichen Rechts, die
- mit unmittelbarer Rechtswirkung
- nach außen gerichtet ist.

Wodurch ist ein Verwaltungsakt (§ 118 AO) gekennzeichnet?

Nach dem **Grundsatz der Maßgeblichkeit** ist steuerlich grundsätzlich das Betriebsvermögen anzusetzen, das nach Handelsrecht auszuweisen ist.

Aber:

- *Steuerliche Wahlrechte können unabhängig von der Handelsbilanz ausgeübt werden.*
- *Wenn das Steuerrecht abweichende Bewertungs- oder Bilanzierungsmethoden vorschreibt, sind diese anzuwenden.*

Was bedeutet der Grundsatz der Maßgeblichkeit?

- Die OHG zahlt **keine Personensteuern**.
- Die OHG ist **nicht steuerpflichtig**.
- Gewinne und Verluste werden bei den einkommensteuerpflichtigen Gesellschaftern berücksichtigt.

Welche Personensteuern zahlt eine OHG?

Der **Körperschaftsteuer** unterliegen sämtliche Einkünfte von Kapitalgesellschaften und anderen juristischen Personen.

Besteuerungsgrundlage ist das **Einkommen**, das – vermindert um eventuelle Freibeträge – nach den Bestimmungen des EStG und besonderen Vorschriften des KStG ermittelt wird.

→ **Karten 320 bis 325**

Was ist eigentlich die Körperschaftsteuer? Beschreiben Sie diese.

Unterschiede zwischen dem Betriebsvermögensvergleich und der Einnahmen-Überschuss-Rechnung:

- **Erfassungszeitpunkt** von Betriebseinnahmen und -ausgaben (Periodenabgrenzung)
- **Bewertungen** (§ 6 EStG wird nicht angewandt)

Was sind die wesentlichen Unterschiede zwischen dem Betriebsvermögensvergleich und der Einnahmen-Überschuss-Rechnung?

Steuerliche Gewinnermittlungsmethoden:

- **Betriebsvermögensvergleich** (§ 4 Abs. 1 EStG)
- **Betriebsvermögensvergleich** (§ 5 Abs. 1 EStG)
- **Einnahmen-Überschuss-Rechnung** (§ 4 Abs. 3 EStG)
- **Gewinnermittlung nach Durchschnittssätzen bei Land- und Forstwirtschaft** (§ 13a EStG)

Welche steuerlichen Gewinnermittlungsmethoden gibt es?

Welche Arten von Einnahmen hat der Staat?

Einnahmen des Staates:

- Abgaben (Steuern, Gebühren, Beiträge)
- Verkauf von Vermögensgegenständen (z. B. Grundstücke)
- Unternehmensgewinne (z. B. Deutsche Post, Telekom, VW)
- Zinsen
- Darlehensaufnahme
- Zölle
- Geldstrafen
- Erbschaften
- Spenden

→ **Karte 284**

Wer muss bei der Ermittlung des steuerlichen Gewinns die handelsrechtlichen Grundsätze ordnungsmäßiger Buchführung beachten?

Bei der Ermittlung des steuerlichen Gewinns müssen **alle Gewerbetreibenden, die bilanzieren**, die handelsrechtlichen Grundsätze ordnungsmäßiger Buchführung beachten.

→ **Karte 9**

Welche indirekten Steuern bezahlen Sie, wenn Sie Ihr Auto betanken?

Indirekte Steuern, die beim **Betanken** eines Autos anfallen:

- Energiesteuer
- Umsatzsteuer
- CO_2-Abgabe
- Erdölbevorratungsabgabe

Welche steuerlichen Nebenleistungen kennen Sie?

Nach § 3 Abs. 4 AO sind **steuerliche Nebenleistungen** z. B.:

- Verzögerungsgelder
- Verspätungszuschläge
- Zinsen
- Säumniszuschläge
- Zwangsgelder

Was wird in der Abgabenordnung geregelt?

Die **Abgabenordnung (AO)** enthält die allgemeinen Vorschriften und die **grundsätzlichen Regelungen** zum Steuer- und Abgabenrecht. Sie regelt,

- in welchen Fällen welche Steuer zu tragen ist,
- wie die Steuer festgesetzt wird und
- wann sie zu entrichten ist.

Beispiele:

- *Allgemeine Definitionen (z. B. Steuer in § 3 AO)*
- *Steuerschuldrecht*
- *Verfahrensvorschriften*
- *Regelungen zu Straf- und Bußgeldern*

Worin liegt der Unterschied zwischen einem Freibetrag und einer Freigrenze?

Ein **Freibetrag** wird bei der Besteuerung nicht berücksichtigt. Es liegt eine sachliche Steuerbefreiung vor.

Bei einer **Freigrenze** wird ein Betrag bei der Besteuerung nicht berücksichtigt, wenn die Grenze nicht überschritten wird. Liegt er aber über der Freigrenze, wird der Betrag voll berücksichtigt.

Wann beginnt und endet die Steuerpflicht einer natürlichen Person?

Die **Steuerpflicht** einer natürlichen Person beginnt mit der **Geburt** und endet mit dem **Tod**.

Ein Steuerbescheid wird am Donnerstag, 20.3., mit der Post versandt. Wann endet die Rechtsbehelfsfrist für einen Einspruch?

Weil die Zustellfrist (3 Tage) an einem Sonntag endet, gilt der **Bescheid am ersten folgenden Werktag**, also am Montag, 24.3., als **zugestellt**.

Danach beginnt die **Rechtsbehelfsfrist** (1 Monat).

Sie endet am **24.4.** um **24 Uhr**.

Hinweis: *Hier sind zwei Fristen zu prüfen. Das sollte bei der Antwort deutlich werden.*

Die Finanzbehörde weist einen Steuerpflichtigen darauf hin, dass er zur Buchführung verpflichtet sei. Wann beginnt für ihn die Verpflichtung zur Buchführung?

Die **Verpflichtung zur Buchführung** ist ab **Beginn** des **Wirtschaftsjahres** zu erfüllen, das auf die Bekanntgabe der Mitteilung folgt.

Wie lange sind ...

a) Jahresabschlüsse

b) Geschäftsbriefe

c) Inventare

... aufzubewahren?

a) **Jahresabschlüsse** sind **10 Jahre** aufzubewahren (§ 147 AO).

b) **Geschäftsbriefe** sind **6 Jahre** aufzubewahren (§ 147 AO).

c) **Inventare** sind **10 Jahre** aufzubewahren (§ 147 AO).

Die Arbeitnehmerin A hat in ihrer ESt-Erklärung die Aufwendungen für Fahrten zwischen Wohnung und Arbeitsstätte erklärt, aber versehentlich keine Angabe zur Entfernung gemacht. Das Finanzamt hat deshalb die Fahrtkosten nicht anerkannt. Hätte das Finanzamt dazu Ermittlungen aufnehmen müssen?

Das Finanzamt hat alle für den Einzelfall bedeutsamen Umstände zu berücksichtigen. Auch **Ermittlungen** zugunsten des Steuerpflichtigen sind **ausdrücklich vorgeschrieben** (§ 88 Abs. 1 AO).

Das Finanzamt hätte ermitteln müssen.

Die Finanzgerichtsordnung unterscheidet drei Klagetypen. Welche sind das?

Die Finanzgerichtsordnung unterscheidet folgende drei Klagetypen:

1. **Anfechtungsklage:** Richtet sich gegen belastende Verwaltungsakte.
2. **Verpflichtungsklage:** Richtet sich gegen eine Behörde, um den Erlass eines abgelehnten oder unterlassenen Verwaltungsaktes zu erreichen.
3. **Feststellungsklage:** Strebt die Feststellung eines Rechtsverhältnisses (z. B. eines Vertrags) an.

Wie lange dauert ein Wirtschaftsjahr?

Das **Wirtschaftsjahr** umfasst einen Zeitraum von **höchstens 12 Monaten** (§ 8b EStDV).

→ **Karte 27**

Können Sie die Einkunftsarten gem. § 2 Abs. 2 EStG nach Gewinn- und Überschusseinkünften unterscheiden?

Einkunftsarten gem. § 2 Abs. 2 EStG:

Gewinneinkünfte		Überschusseinkünfte	
1	Einkünfte aus Land- und Forstwirtschaft	4	Einkünfte aus nichtselbstständiger Arbeit
2	Einkünfte aus Gewerbebetrieb	5	Einkünfte aus Kapitalvermögen
3	Einkünfte aus selbstständiger Arbeit	6	Einkünfte aus Vermietung und Verpachtung
		7	sonstige Einkünfte

→ **Karte 306**

Welche Einkünfte erzielen Gesellschafter einer OHG?

Gesellschafter einer OHG erzielen **Einkünfte aus Gewerbebetrieb**. Sie werden zur Einkommensteuer veranlagt.

→ **Karte 305**

Wie wird das zu versteuernde Einkommen ermittelt? Entwickeln Sie das Berechnungsschema.

Berechnungsschema „zu versteuerndes Einkommen“:

	Summe der (positiven oder negativen) Einkünfte aus den sieben Einkunftsarten
-	Entlastungsbeträge
=	**Gesamtbetrag der Einkünfte**
-	Sonderausgaben
-	Außergewöhnliche Belastungen
=	**Einkommen**
-	Freibeträge für Kinder
-	Sonstige abzuziehenden Beträge
=	**zu versteuerndes Einkommen**

Welche Arten von Entlastungsbeträgen werden bei der Ermittlung des zu versteuernden Einkommens berücksichtigt?

Entlastungsbeträge bei der Ermittlung des zu versteuernden Einkommens:

- Altersentlastungsbetrag
- Entlastungsbetrag für Alleinerziehende
- Freibetrag für Land- und Forstwirte

Was versteht man unter „Steuerprogression“?

Bei einer **Steuerprogression** steigt der Steuersatz in Abhängigkeit vom zu versteuernden Einkommen oder Vermögen.

Das führt zu einer überproportional steigenden steuerlichen Belastung bei steigendem Einkommen bzw. Vermögen: Höhere Einkommen werden nicht nur absolut, sondern auch prozentual höher besteuert.

In den §§ 3 ff. EStG sind zahlreiche steuerfreie Einnahmen aufgeführt. Können Sie wichtige Beispiele hierzu nennen?

Steuerfreie Einnahmen, z. B.:

- Leistungen aus einer Kranken- oder Pflegeversicherung
- Mutterschaftsgeld nach dem Mutterschutzgesetz
- Leistungen, die aufgrund des Bundeskindergeldgesetzes gewährt werden
- Arbeitslosen- oder Kurzarbeitergeld
- Erstattung von Reisekosten, Umzugskosten oder Mehraufwendungen bei doppelter Haushaltsführung
- Typische Berufskleidung, die der Arbeitgeber seinem Arbeitnehmer unentgeltlich oder verbilligt überlässt
- Stipendien zur Förderung der Forschung oder zur Förderung der wissenschaftlichen oder künstlerischen Ausbildung
- Beiträge des Arbeitgebers an einen Pensionsfonds, eine Pensionskasse oder für eine Direktversicherung
- Zuschläge für Sonntags-, Feiertags- oder Nachtarbeit

Hinweis: *Die Steuerbefreiung ist z. T. an bestimmte Bedingungen geknüpft.*

Bei einem Leasingvertrag ohne Option beträgt die Grundmietzeit 50 % der betriebsgewöhnlichen Nutzungsdauer. Wem ist der Leasinggegenstand zuzurechnen?

Bei einem Leasingvertrag ohne Option, bei dem die Grundmietzeit 50 % der betriebsgewöhnlichen Nutzungsdauer beträgt, ist der Leasinggegenstand **dem Leasinggeber** zuzurechnen.

Eine Zurechnung beim Leasingnehmer müsste nur geprüft werden, wenn die Grundmietzeit unter 40 % oder über 90 % der betriebsgewöhnlichen Nutzungsdauer läge.

Wie ist die Nutzung eines betrieblichen Kraftfahrzeugs durch einen Arbeitnehmer für private Zwecke zu versteuern?

Die Nutzung eines betrieblichen Kraftfahrzeugs durch einen Arbeitnehmer für private Zwecke ist als **geldwerter Vorteil** zu versteuern.

Seine Höhe kann auf zwei Arten ermittelt werden:

- Pauschal mit monatlich 1 % des Brutto-Listenpreises zum Zeitpunkt der Erstzulassung **(1 %-Methode)** oder
- mit den tatsächlichen Kosten **(Fahrtenbuchmethode)**.

Gibt es Kosten der Lebensführung, die trotzdem steuerlich abzugsfähig sind?

Aus sozialpolitischen Gründen sind **bestimmte tatsächliche Aufwendungen**, die zu den Kosten der Lebensführung gehören, als **Sonderausgaben abzugsfähig**.

Wer ist körperschaftsteuerpflichtig?

Körperschaftsteuerpflichtig sind:

- Kapitalgesellschaften
- Genossenschaften
- Versicherungs- und Pensionsfondsvereine auf Gegenseitigkeit
- Sonstige juristische Personen des privaten Rechts
- Nichtrechtsfähige Vereine, Anstalten, Stiftungen und andere Zweckvermögen des privaten Rechts
- Betriebe gewerblicher Art von juristischen Personen des öffentlichen Rechts

Auf welche Arten von Einkünften erstreckt sich die unbeschränkte Körperschaftsteuerpflicht?

Die **unbeschränkte Körperschaftsteuerpflicht** erstreckt sich auf **sämtliche Einkünfte**.

Wie hoch ist der Körperschaftsteuertarif?

Die Gewinne von Körperschaften werden mit **15 %** (zuzüglich 5,5 % Solidaritätszuschlag) belastet.

Dieser Satz ist unabhängig davon, ob Gewinne ausgeschüttet oder einbehalten werden.

Wie erfolgt die Ermittlung des zu versteuernden Einkommens im Körperschaftsteuerrecht durch Vermögensvergleichsrechnung? Entwickeln Sie das Berechnungsschema.

Berechnungsschema „zu versteuerndes Einkommen durch Vermögensvergleichsrechnung“:

	Betriebsvermögen am Schluss des Wirtschaftsjahres
-	Betriebsvermögen am Beginn des Wirtschaftsjahres
+	Vorgänge, die das Betriebsvermögen gemindert haben, es aber steuerlich nicht mindern dürfen
-	Vorgänge, die das Betriebsvermögen erhöht haben, es aber steuerlich nicht erhöhen dürfen
=	**zu versteuerndes Einkommen**

→ **Karte 324**

Außer mit der Vermögensvergleichsrechnung kann die Ermittlung des zu versteuernden Einkommens im Körperschaftsteuerrecht mit einem anderen Verfahren erfolgen. Wie heißt diese Ermittlungsart?

Das zu versteuernde Einkommen im Körperschaftsteuerrecht kann neben der Vermögensvergleichsrechnung auch durch die **Ermittlung aus der Erfolgsrechnung** erfolgen.

Was ist das Ziel der sog. Zinsschranke (§ 4h EStG)?

Das Ziel der sog. **Zinsschranke** ist, dass Gewinnverlagerungen ins Ausland durch Zinszahlungen verhindert werden sollen.

Hinweis: *Die Freigrenze liegt bei einem Zinssaldo von 3.000.000 €.*

Was ist eine Organschaft?

Rechtlich selbstständige Unternehmen **(Organgesellschaft)** können in andere **(Organträger)** eingegliedert und wirtschaftlich abhängig sein. Die Organgesellschaft ist dann bei wirtschaftlicher Betrachtung als unselbstständig anzusehen.

Durch Zusammenfassung zu einer Besteuerungseinheit werden die **steuerlichen Vorgänge der Organgesellschaft** grundsätzlich dem **Organträger** als eigene zugerechnet. Beide Unternehmen erscheinen dadurch trotz ihrer rechtlichen Selbstständigkeit als ein **einheitlicher Steuerpflichtiger**.

Welche Steuersätze werden in § 12 UStG genannt?

In § 12 UStG werden folgende **Steuersätze** genannt:

- Der **allgemeine** Steuersatz beträgt **19 %** (§ 12 Abs. 1 UStG).
- Der **ermäßigte** Steuersatz beträgt **7 %** (§ 12 Abs. 2 UStG).

Was besagt das „Bestimmungslandprinzip“?

Nach dem **Bestimmungslandprinzip** werden **Lieferungen unter Unternehmern** grundsätzlich im **Staat des Erwerbers versteuert**.

Können Sie die Begriffe „Beförderung“ und „Versendung“ gegeneinander abgrenzen?

nwb

In beiden Fällen (Beförderung und Versendung) muss der **Liefergegenstand bewegt/ transportiert** werden.

- Bei der **Beförderung** durch den Lieferer, den Abnehmer oder einen unselbstständigen Erfüllungsgehilfen.
- Bei der **Versendung** durch einen selbstständigen Beauftragten.

Kann ein Dreiecksgeschäft auch vorliegen, wenn mehr als drei Unternehmer beteiligt sind?

Ja, es kann ein Dreiecksgeschäft mit mehr als drei beteiligten Unternehmen vorliegen, wenn die unmittelbar nacheinander liefernden Unternehmer am Ende der Lieferkette stehen.

Das Dreiecksgeschäft findet dann **mit den letzten drei Unternehmern** in der Kette statt.

Was ist der Unterschied zwischen „direkten“ und „indirekten“ Steuern? Nennen Sie jeweils ein Beispiel.

- Bei **direkten Steuern** ist Steuerzahler auch derjenige, der sie wirtschaftlich trägt.

  Beispiel: *Einkommensteuer*

- Bei **indirekten Steuern** zahlt die Steuern ein anderer als derjenige, der sie wirtschaftlich trägt.

  Beispiele: *Umsatzsteuer, Branntweinsteuer*

Was sind Realsteuern?

Realsteuern sind die **Grundsteuer** und die **Gewerbesteuer** (§ 3 Abs. 2 AO).

Was versteht man unter „Betriebsvermögen“?

Zum **Betriebsvermögen** gehören **alle Wirtschaftsgüter**, die ihrer Art und Funktion nach in einem **Zusammenhang** mit der **betrieblichen Leistung** stehen.

→ **Karte 51**

Können Sie Beispiele für unselbstständige Gebäudeteile nennen?

Ein Gebäudeteil ist unselbstständig, wenn er **der eigentlichen Nutzung des Gebäudes dient**, z. B.:

- Heizungs- und Klimaanlagen
- Personenaufzüge, Rolltreppen
- Beleuchtungsanlagen

Unselbstständige Gebäudeteile sind zusammen mit dem Gebäude abzuschreiben.

Wer erhebt die Gewerbesteuer?

Die **Gewerbesteuer** wird von den **Gemeinden** erhoben (§ 1 GewStG).

→ **Karten 346 bis 348**

Wie wird die Gewerbesteuer ermittelt? Entwickeln Sie das Berechnungsschema.

Berechnungsschema „Gewerbesteuer":

		GewStG
	Gewinn aus Gewerbebetrieb	§ 7
+	Hinzurechnungen	§ 8
-	Kürzungen	§ 9
=	**maßgebender Gewerbeertrag**	§ 10
-	Gewerbeverlust	§ 10a
=	**Verbleibender Gewerbeertrag**	
	Abrundung	§ 11 Abs. 1
-	Freibetrag	
=	**Steuerpflichtiger Gewerbeertrag**	
•	Steuermesszahl	§ 11 Abs. 2
=	**Steuermessbetrag**	§ 11 Abs. 1
•	Hebesatz der Gemeinde	§ 16
=	**Gewerbesteuer**	

Welche Hinzurechnungen kommen nach § 8 Nr. 1 GewStG in Frage? Nennen Sie drei Beispiele.

Hinzurechnungen nach § 8 Nr. 1 GewStG, z. B.:

- Entgelte für Schulden
- Renten und dauernde Lasten
- Gewinnanteile des stillen Gesellschafters
- 20 % der Miet- und Pachtzinsen für bewegliches Anlagevermögen
- 50 % der Miet- und Pachtzinsen für unbewegliches Anlagevermögen
- 25 % der Aufwendungen für zeitlich befristet überlassene Rechte

Achtung! *Von den Hinzurechnungen wird ein Freibetrag i. H. von 100.000 € abgezogen, danach beträgt der Hinzurechnungsbetrag 25 % dieser Summe.*

Was wird in einer Sonderbilanz erfasst?

Die **Sonderbilanz** umfasst das **Sonderbetriebsvermögen** des Gesellschafters einer Personengesellschaft.

Zum Sonderbetriebsvermögen gehören Wirtschaftsgüter, die im Eigentum eines Mitunternehmers sind, jedoch für betriebliche Zwecke zur Verfügung gestellt werden.

→ **Karten 350, 351**

Mit welchem Ziel wird eine Sonderbilanz aufgestellt?

Durch eine **Sonderbilanz** sollen eine **Verlagerung von Einkünften** in einen nicht-gewerblichen Bereich und **Gewinnmanipulationen** durch konstruierte schuldrechtliche Beziehungen **verhindert werden**.

Was ist eine Ergänzungsbilanz?

Die **Ergänzungsbilanz** enthält – bezogen auf den einzelnen Gesellschafter einer Personengesellschaft – **Korrekturposten** zu den Ansätzen in der **Steuerbilanz** der Gesellschaft.

Dadurch soll für Steuerzwecke der jeweilige Beteiligungsanteil zutreffend erfasst werden.

→ **Karte 349**

Gibt es im Steuerrecht Abschreibungen?

Ja, Abschreibungen heißen im Steuerrecht „**Absetzung für Abnutzung**“ (AfA).

Ein Leasinggut ist dem Leasingnehmer insbesondere dann zuzurechnen, wenn

- der Leasinggegenstand speziell auf die **Verhältnisse des Leasingnehmers zugeschnitten** ist;
- die betriebsgewöhnliche **Nutzungsdauer** und die **Grundmietzeit** (annähernd) **übereinstimmen**;
- die betriebsgewöhnliche Nutzungsdauer zwar länger ist als die Grundmietzeit, dem Leasingnehmer aber ein **Recht auf Verlängerung oder eine Kaufoption** zu Bedingungen zusteht, die bei vernünftiger wirtschaftlicher Abwägung die Ausübung dieses Rechts erwarten lassen.

In welchen Fällen ist ein Leasinggut dem Leasingnehmer zuzurechnen?

- Für **aktive latente Steuern** besteht ein **Aktivierungswahlrecht**.
- Für **passive latente Steuern** besteht dagegen eine **Passivierungspflicht**.

Aber: *Kleine Kapitalgesellschaften müssen latente Steuern nicht ausweisen.*

→ **Karten 63, 168**

Muss eine Aktiengesellschaft latente Steuern ausweisen?

Berechnung der Laufzeit des Disagios:

1 + 2 + 3 + 4 = 10

1. Jahr	4/10	= 400 €
2. Jahr	3/10	= 300 €
3. Jahr	2/10	= 200 €
4. Jahr	1/10	= 100 €
		= 1.000 €

Wie wird ein Disagio i. H. von 1.000 € verteilt, wenn die Laufzeit eines Tilgungsdarlehens 4 Jahre beträgt?

Aktive latente Steuern entstehen, wenn der steuerliche Gewinn höher ist als der handelsrechtliche Gewinn:

- **Aktivposten** werden in der Handelsbilanz niedriger angesetzt als in der Steuerbilanz.
- **Passivposten** werden in der Handelsbilanz höher angesetzt als in der Steuerbilanz.

→ **Karten 90, 108, 200**

Wann entstehen (ganz allgemein) aktive latente Steuern?

Eine Festbewertung ist zulässig

- bei **Vermögensgegenständen des Sachanlagevermögens**,
- bei **Roh-, Hilfs- und Betriebsstoffen**.

Voraussetzungen:

- Sie werden regelmäßig ersetzt.
- Ihr Gesamtwert ist für das Unternehmen von nachrangiger Bedeutung.
- Der Bestand unterliegt in seiner Größe, seinem Wert und seiner Zusammensetzung nur geringen Schwankungen.

Bei welchen Vermögensgegenständen ist die Bewertung mit einem Festwert möglich?

Bilanzkontinuität umfasst zwei Aspekte:

1. **Formelle Bilanzkontinuität:** Zeitlich aufeinander folgende Jahresabschlüsse müssen die gleiche Gliederung aufweisen.
2. **Materielle Bilanzkontinuität:** Bei zeitlich aufeinanderfolgenden Jahresabschlüssen sollen die gleichen Bewertungsprinzipien angewandt werden.

Was versteht man unter „Bilanzkontinuität“?

Ausprägungen des Vorsichtsprinzips:

- Realisationsprinzip
- Imparitätsprinzip
- Niederstwertprinzip
- Höchstwertprinzip
- Anschaffungswertprinzip
- Wertaufholungsgebot

Welche Ausprägungen des Vorsichtsprinzips kennen Sie?

- Voraussetzung für die Bildung einer Rückstellung für ungewisse Verbindlichkeiten ist eine **Verpflichtung gegenüber** einem **Dritten**.
- Die **Verpflichtung** muss **vor dem Bilanzstichtag** wirtschaftlich **verursacht** worden sein.
- Mit der **Inanspruchnahme** muss ernsthaft **zu rechnen** sein.
- Die **Aufwendungen** dürfen **nicht zu Anschaffungs- oder Herstellungskosten** führen.

→ **Karten 96, 97, 180**

Welche Voraussetzungen müssen vorliegen, damit eine Rückstellung für ungewisse Verbindlichkeiten gebildet werden muss?

Passive latente Steuern entstehen, wenn der steuerliche Gewinn geringer ist als der handelsrechtliche Gewinn:

- Aktivposten werden in der Handelsbilanz höher angesetzt als in der Steuerbilanz.
- Passivposten werden in der Handelsbilanz niedriger angesetzt als in der Steuerbilanz.

→ **Karten 89, 200**

Wann entstehen (ganz allgemein) passive latente Steuern?

Nach § 5 Abs. 2 EStG dürfen Entwicklungskosten in der Steuerbilanz nicht angesetzt werden.

Handelsrechtlich besteht ein Aktivierungswahlrecht. Wird davon Gebrauch gemacht, entstehen in der Handelsbilanz **passive latente Steuern**.

→ **Karte 107**

Welche Art von latenten Steuern entsteht, wenn in der Handelsbilanz Entwicklungskosten angesetzt werden?

Buchung:

Bank	75.000 €			
Kapitalertragsteuer	25.000 €	an	Erträge aus Beteiligungen	100.000 €

Die Mutter AG erhält von ihrer Tochter GmbH (beide ansässig im Inland) 100.000 € aufgrund eines Gewinnabführungsvertrags. Wie ist bei der Mutter AG zu buchen?

Ausnahmen für die Abweichung vom Grundsatz der Einzelbewertung sind **Gruppen-** und **Pauschalbewertungen** und die Bildung von **Festwerten**.

Nach HGB gilt der Grundsatz der Einzelbewertung. Kann in Ausnahmefällen davon abgewichen werden?

Wo finden sich die handelsrechtlichen Vorschriften zur Rechnungslegung?

Die handelsrechtlichen Vorschriften zur Rechnungslegung befinden sich **im dritten Buch des HGB (§§ 238 bis 342e HGB)**.

Hinweis: *Eine allgemeine Angabe wie „im HGB" reicht als Antwort nicht aus.*

Welche Arten von Kaufleuten werden nach Handelsrecht unterschieden?

Kaufleute nach Handelsrecht:

- **Istkaufmann** (§ 1 HGB)
- **Kannkaufmann** (§ 2 HGB bzw. § 3 HGB)
- **Kaufmann kraft Eintragung** (§ 5 HGB)
- **Formkaufmann** (§ 6 HGB)

→ **Handelsregister, § 238 HGB Buchführunsgpflicht**

Bei den Grundsätzen ordnungsmäßiger Buchführung wird zwischen „formellen“ und „materiellen“ unterschieden. Welche formellen Grundsätze kennen Sie?

Formelle Grundsätze ordnungsmäßiger Buchführung **(GoB)** sind z. B.:

- Eintragungen in einer lebenden Sprache
- Geordnete Erfassung und Aufbewahrung
- Keine Buchung ohne Beleg
- Unveränderlichkeit der Eintragungen
- Klarheit und Übersichtlichkeit
- Überprüfbarkeit

→ **Karte 12**

Bei der Aufstellung des Jahresabschlusses sind Bilanzierungs- und Bewertungsgrundsätze zu beachten.
Kennen Sie „materielle Grundsätze", die bei der Aufstellung des Jahresabschlusses zu beachten sind?

►

Folgende **materielle Grundsätze** sind zu beachten:

- Vollständigkeit
- Richtigkeit
- Willkürfreiheit

Wo sind die Aufbewahrungsfristen für die Geschäftsunterlagen geregelt?

Die **Aufbewahrungsfristen** für die **Geschäftsunterlagen** sind in **§ 257 HGB** und **§ 147 AO** geregelt.

- **10 Jahre:**
  Handelsbücher, Inventare, Eröffnungsbilanzen, Jahresabschlüsse, Lageberichte
- **6 Jahre:**
  Empfangene und abgesandte Handelsbriefe

Wann muss eine Inventur durchgeführt werden?

Eine Inventur muss durchgeführt werden

- bei **Gründung** des Unternehmens,
- am **Ende** eines Geschäftsjahres,
- bei **Verkauf** des Unternehmens.

Welche Inventur-vereinfachungsverfahren kennen Sie?

- **Stichtagsinventur:** Die Bestandsaufnahme kann zehn Tage vor oder nach dem Bilanzstichtag erfolgen.
- **Verlegte Inventur:** Die Inventur kann drei Monate vor oder zwei Monate nach dem Abschluss des Geschäftsjahres durchgeführt werden.
- **Permanente Inventur:** Zu- und Abgänge werden in einer Lagerkartei registriert. Zum Bilanzstichtag werden die vorhandene Menge und ihr Wert hochgerechnet.
- **Stichprobeninventur:** Durch Anwendung anerkannter mathematisch-statistischer Methoden kann von einer Stichprobe auf die Gesamtmenge geschlossen werden.

Alle Verfahren müssen den Grundsätzen ordnungsmäßiger Buchführung entsprechen.

Was sind denn eigentlich die GoB?

Die Grundsätze ordnungsmäßiger Buchführung sollen sicherstellen, dass ein sachverständiger Dritter sich innerhalb angemessener Zeit einen **Überblick über die Geschäftsvorfälle und die Lage des Unternehmens** verschaffen kann.

Wo sind die GoB geregelt?

Die GoB sind **nirgendwo verbindlich geregelt.** Einzelne formelle und materielle Grundsätze enthält § 239 HGB.

Welcher materielle Bilanzierungsgrundsatz ist in § 246 Abs. 1 HGB geregelt?

In § 246 Abs. 1 HGB ist der **Grundsatz der Vollständigkeit** geregelt.

Das bedeutet, der Jahresabschluss muss sämtliche Vermögensgegenstände, Schulden, Rechnungsabgrenzungsposten sowie Aufwendungen und Erträge enthalten.

→ **Weitere materielle Bilanzierungsgrundsätze**

Wer ist bei einer GmbH verpflichtet, für die ordnungsmäßige Buchführung zu sorgen?

Bei einer GmbH müssen die **Geschäftsführer (§ 41 GmbHG)** für die ordnungsmäßige Buchführung sorgen.

Kennen Sie drei Beispiele für Ansatzgrundsätze?

nwb

Ansatzgrundsätze, z. B.:

- **Verrechnungsverbot:**
  - Posten der Aktivseite dürfen nicht mit Posten der Passivseite, (Ausnahmen: Latente Steuern und erhaltene Anzahlungen)
  - Aufwendungen dürfen nicht mit Erträgen verrechnet werden (§ 246 Abs. 2 Satz 1 HGB).
- **Ansatzstetigkeit:**

  Ansatzmethoden sind beizubehalten (§ 246 Abs. 3 HGB).
- **Bilanzidentität:**

  Wertansätze der Eröffnungsbilanz dürfen nicht von denen der Schlussbilanz des Vorjahres abweichen (§ 252 Abs. 1 Nr. 1 HGB).

→ **Beispiele für Ansatzverbote, Unterschiede zur Steuerbilanz**

Was bedeutet das „Maßgeblichkeitsprinzip“?

Wertansätze in der **Handelsbilanz müssen in** die **Steuerbilanz übernommen** werden (§ 5 Abs. 1 Satz 1 EStG).

Wenn das Steuerrecht allerdings ausdrücklich andere Bilanzierungs- oder Bewertungsvorschriften vorsieht, sind diese anzuwenden.

→ **Beispiele für abweichende Vorschriften im Steuerrecht, Karte 312**

Wo sind nach HGB die allgemeinen Bewertungsgrundsätze festgelegt?

Die **allgemeinen Bewertungsgrundsätze** sind in **§ 252 HGB** geregelt.

→ **Karte 18**

Welche Unternehmen müssen einen Lagebericht aufstellen?

Mittlere und große Kapitalgesellschaften müssen einen Lagebericht aufstellen, wobei kapitalmarktorientierte Gesellschaften immer als große Kapitalgesellschaften gelten.

Wie lange dauert ein Geschäftsjahr?

Ein Geschäftsjahr darf den Zeitraum von **zwölf Monaten** nicht überschreiten (§ 240 Abs. 2 Satz 2 HGB).

→ **Karten 127, 304**

Welche steuerliche Vorschrift verlangt die Beachtung der handelsrechtlichen Grundsätze ordnungsmäßiger Buchführung?

§ 5 Abs. 1 EStG verlangt die Beachtung der handelsrechtlichen Grundsätze ordnungsmäßiger Buchführung.

Wie sind auf US-$ lautende langfristige Forderungen und Verbindlichkeiten umzurechnen?

Bei der Umrechnung von auf Fremdwährung lautenden Vermögensgegenständen und Verbindlichkeiten mit einer Laufzeit von mehr als einem Jahr wird der **Devisenkassamittelkurs** am Abschlussstichtag zugrunde gelegt.

→ **Karte 81**

Welchem Zweck dienen Rechnungsabgrenzungsposten (RAP)?

Rechnungsabgrenzungsposten (RAP) sind zur **Periodenabgrenzung** erforderlich.

Aufwendungen und Erträge müssen der Periode zugerechnet werden, in der sie verursacht worden sind.

(§ 250 HGB)

→ **Karten 83, 109, 201**

Kennen Sie ein Beispiel für einen aktiven Rechnungsabgrenzungsposten (aRAP)?

Beispiel für einen **aktiven Rechnungsabgrenzungsposten (aRAP)**:

Zahlung einer Versicherungsprämie für ein Jahr im Voraus am 1. Juli. Die Hälfte der Prämie wird in den Rechnungsabgrenzungsposten eingestellt („Zahlung im Berichtsjahr, Aufwand im Folgejahr").

→ **Karten 84, 85**

Was ist ein Disagio?

Ein **Disagio** ist der Unterschiedsbetrag zwischen dem Auszahlungsbetrag und dem höheren Rückzahlungsbetrag eines Darlehens.

Betriebswirtschaftlich handelt es sich um vorweggenommene Zinszahlungen.

→ **Karte 85**

Wie wird ein Disagio im handelsrechtlichen Jahresabschluss behandelt?

Gemäß **§ 250 Abs. 3 HGB** besteht für das **Disagio** ein **Aktivierungswahlrecht**.

Wenn keine Aktivierung erfolgt, ist das Disagio Zinsaufwand.

→ **Karten 86, 87**

Wie wird ein Disagio handelsrechtlich abgeschrieben?

Das **Disagio** wird **planmäßig** über die Laufzeit des Darlehens verteilt:

- Bei einem **endfälligen Darlehen** wird linear abgeschrieben.
- Bei einem **Tilgungsdarlehen** wird i. d. R. arithmetisch-degressiv (digital/Zinsstaffelmethode) abgeschrieben.

→ **Karte 88**

Wann muss der Posten „Aktiver Unterschiedsbetrag aus der Vermögensverrechnung“ angesetzt werden?

Ein **Aktiver Unterschiedsbetrag aus der Vermögensverrechnung** ergibt sich, wenn Vermögensgegenstände, die dem Zugriff aller übrigen Gläubiger entzogen sind und ausschließlich der Erfüllung von Schulden aus **Altersversorgungsverpflichtungen** oder vergleichbaren langfristig fälligen Verpflichtungen dienen, mit den Schulden verrechnet werden.

Der übersteigende Betrag ist in diesen Posten einzustellen.

→ **Karte 92**

Welcher Bilanzierungsgrundsatz wird bei Ausweis des Postens „Aktiver Unterschiedsbetrag aus der Vermögensverrechnung“ durchbrochen?

Bei Ausweis des Postens „Aktiver Unterschiedsbetrag aus der Vermögensverrechnung" muss eine **Saldierung** vorgenommen werden.

Grundsätzlich besteht aber ein **Saldierungsverbot** (§ 246 Abs. 2 Satz 1 HGB).

Was ist der Unterschied zwischen Verbindlichkeiten und Rückstellungen?

Verbindlichkeiten sind im abgelaufenen Geschäftsjahr wirtschaftlich verursachte Verpflichtungen eines Unternehmens, die bezüglich ihrer **Höhe** und der **Fälligkeit feststehen**. Es handelt sich um Außenverpflichtungen gegenüber einem Dritten.

Rückstellungen sind hinsichtlich ihrer Höhe und/oder des Zeitpunkts ihres Eintritts **ungewiss**. Rückstellungen können handelsrechtlich sowohl für Außen- als auch für Innenverpflichtungen (z. B. als Rückstellungen für unterlassene Instandhaltung) zu bilden sein.

→ **Karten 94 bis 96**

Wodurch unterscheiden sich Rückstellungen und Rücklagen?

Rückstellungen sind hinsichtlich ihrer Höhe und/oder des Zeitpunkts ihres Eintritts **ungewisse Verbindlichkeiten**.

Rücklagen sind **Teil des Eigenkapitals**. Die Bildung von Rücklagen ist zum Teil gesetzlich und/oder satzungsmäßig vorgeschrieben.

→ **Karten 95, 96, 102**

Wie lautet der Buchungssatz bei Bildung einer Rückstellung?

Buchung:

Aufwandskonto (GuV)	an	Rückstellungen (Bilanz)

→ **Karte 105**

Mit welchem Betrag müssen Rückstellungen handelsrechtlich angesetzt werden?

Rückstellungen werden **handelsrechtlich** nach **vernünftiger kaufmännischer Beurteilung** mit dem **Erfüllungsbetrag** angesetzt (§ 253 Abs. 1 Satz 2 HGB).

Preis- und Kostensteigerungen bis zum Zeitpunkt der Aufwendungen müssen berücksichtigt werden.

→ **Karten 98, 164**

Rückstellungen mit einer Laufzeit von mehr als einem Jahr sind nach HGB zu diskontieren. Welcher Zinssatz ist dabei anzuwenden?

Bei Rückstellungen mit einer Laufzeit von mehr als einem Jahr sind die **laufzeitkongruenten durchschnittlichen Marktzinssätze** der letzten sieben Jahre anzuwenden.

Bei Rückstellungen für Altersvorsorgeverpflichtungen gibt es zwei Besonderheiten. Wie sind diese Rückstellungen abzuzinsen?

Rückstellungen für Altersvorsorgeverpflichtungen sind mit dem ihrer Restlaufzeit entsprechenden durchschnittlichen Marktzinssatz aus den vergangenen **zehn Geschäftsjahren** abzuzinsen.

Dabei darf pauschal der durchschnittliche Marktzinssatz gewählt werden, der sich bei einer angenommenen **Restlaufzeit von 15 Jahren** ergibt.

Wofür sind Rückstellungen nach § 249 HGB zu bilden?

Rückstellungen sind zu bilden für

- **ungewisse Verbindlichkeiten,**
- **drohende Verluste** aus schwebenden Geschäften,
- im Geschäftsjahr **unterlassene Aufwendungen für Instandhaltung,** die im folgenden Geschäftsjahr innerhalb von drei Monaten nachgeholt werden,
- im Geschäftsjahr **unterlassene Aufwendungen für Abraumbeseitigung,** die im folgenden Geschäftsjahr nachgeholt werden,
- **Gewährleistungen,** die ohne rechtliche Verpflichtungen erbracht werden.

Hinweis: *Abraum ist kein Abfall, sondern Gestein, das eine Lagerstätte von Bodenschätzen überdeckt (hat).*

Wie sind die Rückstellungen nach § 266 Abs. 3 HGB zu gliedern?

Die Rückstellungen sind nach § 266 Abs. 3 HGB wie folgt zu gliedern:

1. Rückstellungen für Pensionen und ähnliche Verpflichtungen
2. Steuerrückstellungen
3. Sonstige Rückstellungen

Wann können Rückstellungen für drohende Verluste aus schwebenden Geschäften gebildet werden?

- Ein **Geschäft** ist **schwebend**, wenn zum Bilanzstichtag beide Vertragspartner ihre Verpflichtungen noch nicht vollständig erfüllt haben.
- Ein **Verlust** droht, wenn bereits vor der vollständigen Erfüllung eines Geschäfts hinreichend sicher ist, dass die Aufwendungen die Erträge überschreiten.

Wenn diese Bedingungen erfüllt sind, **muss** handelsrechtlich eine entsprechende **Rückstellung** gebildet werden.

→ **Karte 103**

Welche Konsequenz ergibt sich an anderer Stelle in der HGB-Bilanz einer großen Kapitalgesellschaft, wenn Rückstellungen für drohende Verluste aus schwebenden Geschäften angesetzt werden müssen?

Weil Drohverlustrückstellungen in der Steuerbilanz nicht ausgewiesen werden dürfen, entstehen beim Ansatz von Rückstellungen für drohende Verluste aus schwebenden Geschäften in der HGB-Bilanz notwendig **latente Steuern**.

→ **Karte 63**

Welche Bedingungen sind für die Bildung von Rückstellungen für Aufwendungen für Instandhaltung erforderlich?

Bedingungen für die **Bildung von Rückstellungen für Aufwendungen für Instandhaltung**:

- Die Erhaltungsarbeiten müssen am Bilanzstichtag objektiv erforderlich sein.
- Die Arbeiten müssen innerhalb von drei Monaten nach Ablauf des Geschäftsjahres nachgeholt werden.
- Die Arbeiten dürfen nicht regelmäßig anfallen.

Dürfen Rückstellungen aufgelöst werden?

Rückstellungen **müssen** aufgelöst werden, wenn ihr **Grund entfallen** ist (§ 249 Abs. 2 Satz 2 HGB).

Was ist eine „Eventualverbindlichkeit“?

Eventualverbindlichkeiten sind Verbindlichkeiten, bei denen unklar ist, ob das Unternehmen für sie in Anspruch genommen wird.

Beispiele: *Verbindlichkeiten aus Bürgschaftsübernahmen oder Gewährleistungsverträgen*

Kennen Sie ein Beispiel für einen passiven Rechnungsabgrenzungsposten (pRAP)?

Beispiel für einen **passiven Rechnungsabgrenzungsposten (pRAP)**:

Am 1. Oktober geht eine Mietvorauszahlung für ein halbes Jahr ein. Die Hälfte des Betrags (für drei von sechs Monaten) wird in einen pRAP eingestellt.

Können in der GuV-Position „Materialaufwand“ Lohnaufwendungen enthalten sein?

Ja, in der GuV-Position „Materialaufwand“ können ausnahmsweise Lohnaufwendungen enthalten sein, wenn eigene Erzeugnisse extern be- oder verarbeitet worden sind **(„Lohnveredelung“)**.

Wie viele Personen sind erforderlich, um eine GmbH gründen zu können?

Für die **Gründung** einer **GmbH** ist **ein Gesellschafter** erforderlich.

Wie hoch muss mindestens das Stammkapital bei Gründung einer UG (haftungsbeschränkt) sein?

Das **Stammkapital** bei Gründung einer **UG** (haftungsbeschränkt) beträgt mindestens **1 €**.

Wer wählt den Aufsichtsrat bei einer Aktiengesellschaft mit 3.000 Mitarbeitern?

Nach dem Mitbestimmungsgesetz wählen die **Anteilseigner** und die **Arbeitnehmer** je die Hälfte der Mitglieder des Aufsichtsrats.

Die Anzahl bestimmt sich nach der Größe des Unternehmens.

Bis zur Grenze von 10.000 Beschäftigten hat der Aufsichtsrat 12 Mitglieder (6 Vertreter der Anteilseigner, 6 Vertreter der Arbeitnehmer).

→ **Karte 118**

Kennen Sie die Rechtsform „SE“? Beschreiben Sie (ohne Einzelheiten) wesentliche Merkmale.

Die **Societas Europaea (SE)** ist eine Rechtsform nach europäischem Gemeinschaftsrecht.

- Die SE ist eine Kapitalgesellschaft mit einem Mindestkapital von 120.000 €.
- Sie muss ihren Sitz in einem Staat der EU oder des EWR haben.
- Ihre Aktionäre üben ihre Eigentümerrechte in der Hauptversammlung aus.
- Die Geschäfte führt entweder der Vorstand (Kontrolle durch einen Aufsichtsrat vergleichbar einer AG) oder ein Verwaltungsrat in eigener Verantwortung.

Kann es sein, dass ein Bilanzansatz unzulässig ist?

Selbstverständlich kann ein Bilanzansatz unzulässig sein, nämlich wenn er dem Grunde oder der Höhe nach **gegen** zwingende einkommensteuerliche oder handelsrechtliche **Bilanzierungsvorschriften verstößt**.

→ **Karte 16**

Ist eine Berichtigung der Handelsbilanz bei fehlerhaften Ansätzen möglich?

Handelsrechtliche Vorschriften für die Berichtigung bei fehlerhaften Ansätzen in der Handelsbilanz gibt es nicht.

Nach den **Grundsätzen ordnungsmäßiger Buchführung (GoB)** ist aber eine Berichtigung jedenfalls dann erforderlich, wenn die Bilanz ein Bild vermittelt, das der tatsächlichen **Vermögens-, Finanz- und Ertragslage nicht entspricht**.

Welche Bewertungsvorschriften tragen dazu bei, dass der ausschüttbare Gewinn auf den Vermögenszuwachs begrenzt wird?

Folgende Bewertungsvorschriften tragen dazu bei, dass der ausschüttbare Gewinn auf den Vermögenszuwachs begrenzt wird:

- **§ 253 Abs. 1 HGB:** Festlegung der AHK als Wertobergrenze
- **§ 252 Abs. 1 Nr. 4 HGB:** Realisationsprinzip

Hinweis: *Zusätzlich zu den Bewertungsvorschiften kommen in Frage:*

- *Ansatzvorschriften*
- *Verbot der Rückgewährung von Einlagen (§ 30 GmbHG bzw. § 57 Abs. 1 AktG)*
- *Verpflichtung zur Bildung einer gesetzlichen Rücklage (§ 150 Abs. 2 AktG)*

Nach welchen Merkmalen werden die Größenklassen für Kapitalgesellschaften unterschieden?

Die **Größenklassen für Kapitalgesellschaften** werden nach folgenden Merkmalen gebildet:

- Bilanzsumme
- Umsatz
- Zahl der Mitarbeiter

Welche größenabhängigen Erleichterungen gelten bei der Offenlegung des Jahresabschlusses für kleine Kapitalgesellschaften?

- Kleine Kapitalgesellschaften müssen keinen Lagebericht einreichen.
- Der Anhang muss keine Angaben zur Gewinn- und Verlustrechnung enthalten (§ 326 Abs. 1 HGB).

Was unterscheidet ein Geschäftsjahr von einem Wirtschaftsjahr?

Der Zeitraum, für den ein Jahresabschluss aufzustellen ist, wird

- im **Handelsrecht** als **„Geschäftsjahr"** und
- im **Steuerrecht** als **„Wirtschaftsjahr"**

bezeichnet.

→ **Karte 27**

Gehört ein Vorführwagen bei einem Autohändler zum Anlage- oder zum Umlaufvermögen?

Ein **Vorführwagen** ist zwingend Teil des **Anlagevermögens**.

Er soll dauernd dem Geschäftsbetrieb dienen und ist nicht durch einmalige Nutzung gekennzeichnet.

Bei der Beurteilung, ob ein Leasinggut dem Leasingeber oder dem Leasingnehmer zugerechnet wird, spielt das Verhältnis von Grundmietzeit und Nutzungsdauer eine wesentliche Rolle. Kennen Sie die Regelungen?

- Die Grundmietzeit beträgt **weniger als 40 %** der Nutzungsdauer: Zurechnung beim Leasingnehmer.
- Die Grundmietzeit beträgt **mindestens 40 % und höchstens 90 %** der Nutzungsdauer: Zurechnung beim Leasinggeber, wenn kein Optionsrecht vereinbart ist.
- Die Grundmietzeit beträgt **mehr als 90 %** der Nutzungsdauer: Zurechnung beim Leasingnehmer.

Welches grundlegende Prinzip des HGB wird bei der Rechnungslegung nach IFRS weitgehend aufgegeben, um die Zielsetzung der IFRS erreichen zu können?

Das **Vorsichtsprinzip**, das grundlegende Prinzip des HGB, hat eine geringere Bedeutung bei der Rechnungslegung nach IFRS, weil sich die IFRS vornehmlich an Investoren bzw. potenzielle Investoren richten.

Welche Teile der IFRS müssen bei der Bilanzierung verbindlich beachtet werden?

Die **Standards** und die **Interpretations** sind für die Rechnungslegung nach IFRS verbindlich.

Was bedeutet der Rechnungslegungsgrundsatz „Unternehmensfortführung“ nach IFRS?

Grundsatz der Unternehmensfortführung = **going concern**

Bei der Rechnungslegung wird davon ausgegangen, dass die **Geschäftstätigkeit fortgeführt** wird.

Was bedeutet der Grundsatz „understandability“ der Rechnungslegung nach IFRS?

Grundsatz understandability = **Verständlichkeit**

Die Informationen sollen für einen sachverständigen Leser **leicht nachvollziehbar** sein.

→ **Karten 140, 141**

Können Sie den Grundsatz „relevance“ der Rechnungslegung nach IFRS erläutern?

Der Grundsatz **„relevance“** der Rechnungslegung nach IFRS besagt, dass die **Informationen** für die Entscheidungsfindung **von Bedeutung** sein müssen.

→ **Karten 139, 141**

Welche deutschen Kapitalgesellschaften müssen einen Einzelabschluss nach IFRS vorlegen?

Deutsche Kapitalgesellschaften müssen keinen Einzelabschluss nach IFRS vorlegen.

Einzelabschlüsse müssen (zur Ausschüttung) **nach HGB** aufgestellt werden.

Zur Offenlegung kann aber an die Stelle des Jahresabschlusses nach HGB ein Einzelabschluss treten, der nach internationalen Rechnungslegungsstandards aufgestellt worden ist (§ 325 Abs. 2a HGB).

Warum heißt es bei den IFRS „Gesamtergebnisrechnung“ und nicht „Gewinn- und Verlustrechnung“?

Das **Gesamtergebnis** umfasst alle Bestandteile des Gewinns und Verlustes, **zusätzlich** aber auch das **„sonstige Ergebnis“** mit Ertrags- und Aufwandspositionen, die sich nicht auf den Gewinn ausgewirkt haben.

→ **Karte 147**

Einnahmen vor dem Abschlussstichtag, die Ertrag für eine Zeit nach diesem Tag darstellen, werden im **passiven Rechnungsabgrenzungsposten (pRAP)** erfasst.

→ **Karten 82, 110**

Wann ist ein passiver Rechnungsabgrenzungsposten (pRAP) zu bilden?

Sonstige Steuern in der GuV:

- **Verbrauchssteuern**, z. B.
  - Mineralölsteuer
  - Biersteuer
  - Kfz-Steuer
- **Verkehrssteuern**, z. B.
  - Versicherungsteuer
  - Zölle
  - Umsatzsteuer

Welche Steuern werden in der GuV als „sonstige Steuern“ erfasst?

Zur Berechnung des **Devisenkassamittelkurses** werden **Geld- und Briefkurs addiert** und anschließend durch zwei dividiert **(Mittelwert)**.

Wie wird der Devisenkassamittelkurs berechnet?

Für das **Disagio** besteht eine **Aktivierungspflicht (§ 5 Abs. 5 Satz 1 Nr. 1 EStG)**.

Die Abschreibung erfolgt grundsätzlich linear über die Laufzeit.

→ **Karten 87, 88**

Wie wird ein Disagio im steuerrechtlichen Jahresabschluss behandelt?

Die **Firma** eines Kaufmanns ist der Name, unter dem er seine Geschäfte betreibt und die Unterschrift abgibt (§ 17 Abs. 1 HGB).

Was ist rechtlich eine „Firma“?

Bei Gründung einer GmbH muss eine **Bareinlage** i. H. von mindestens **12.500 €** auf ein Konto der Gesellschaft eingezahlt werden.

Hinweise: *Die Gesellschafter haften allerdings bis zur Höhe der vollen Einlage von mindestens 25.000 €. Sacheinlagen müssen voll erbracht werden, also mindestens 25.000 €.*

→ **Karte 117**

Wie hoch muss die Bareinlage bei Gründung einer GmbH mindestens sein?

Organe einer **Aktiengesellschaft**:

- Hauptversammlung
- Aufsichtsrat
- Vorstand

Welche Organe hat eine Aktiengesellschaft?

Abteilungen des Handelsregisters:

- **Abteilung A** enthält Eintragungen über Einzelkaufleute, OHG und KG.
- **Abteilung B** enthält Eintragungen über die Kapitalgesellschaften.

Wie werden die beiden Abteilungen des Handelsregisters unterschieden?

Typische Bilanzierungsfehler:

- Ein Bilanzansatz ist zu hoch oder zu niedrig.
- Privatvermögen wird als Betriebsvermögen ausgewiesen.
- Betriebsvermögen wird nicht ausgewiesen.

→ **Karte 123**

Welche typischen Bilanzierungsfehler kennen Sie?

Die GuV soll die **Erfolgsquellen** nach **Art und Höhe** erkennbar machen.

Durch Erfassung aller in einer Periode angefallenen Erträge und Aufwendungen wird der **Jahresüberschuss** bzw. Jahresfehlbetrag ermittelt.

→ **Karten 46, 146**

Was ist die Hauptaufgabe der Gewinn- und Verlustrechnung (GuV)?

Große und mittlere Kapitalgesellschaften müssen ihren Jahresabschluss **innerhalb von drei Monaten** nach Ablauf des Geschäftsjahres (§ 264 Abs. 1 HGB) aufstellen.

Innerhalb welchen Zeitraums müssen mittlere Kapitalgesellschaften ihren Jahresabschluss aufstellen?

Die **IAS-/IFRS-Standards** enthalten die **Regelungen** zur

- Erfassung,
- Bewertung,
- Bilanzierung

einzelner Sachverhalte.

Was ist in den IAS-/IFRS-Standards geregelt?

Das **Framework** (Rahmenkonzept) enthält die grundlegenden Anforderungen an einen Jahresabschluss.

Beispiele:

- *Grundlagen der Rechnungslegung*
- *Zielsetzung der Abschlüsse*
- *Definitionen*

Welche Funktion hat das Framework?

Grundsatz der Verlässlichkeit = **reliability**

Die Informationen müssen **fehlerfrei** sein. Sie sollen **glaubwürdig** darstellen, was tatsächlich geschehen oder zu erwarten ist.

→ **Karten 139, 140**

Was bedeutet der Rechnungslegungsgrundsatz „Verlässlichkeit“ nach IFRS?

Die Forderung, dass der Jahresabschluss sowohl bei chronologischer Betrachtung als auch mit anderen Unternehmen in der Branche vergleichbar sein muss, nennt man **comparability** (Vergleichbarkeit).

Wie nennt man die Forderung, dass der Jahresabschluss sowohl bei chronologischer Betrachtung als auch mit anderen Unternehmen der Branche vergleichbar sein muss?

§ 315e HGB bestimmt, dass **kapitalmarktorientierte Unternehmen**, die einen Konzernabschluss vorlegen müssen, einen Abschluss nach IFRS aufstellen müssen.

Welche Unternehmen sind in Deutschland verpflichtet, einen Jahresabschluss nach IFRS vorzulegen?

Der **Jahresabschluss nach IFRS** besteht aus:

- Bilanz
- Gesamtergebnisrechnung
- Eigenkapitalveränderungsrechnung
- Kapitalflussrechnung
- Anhang

→ **Karte 23**

Aus welchen Teilen besteht ein Jahresabschluss nach IFRS?

Der **Jahresabschluss** einer **großen Kapitalgesellschaft** (§ 264 Abs. 1 Satz 1 HGB) besteht immer aus:

- Bilanz,
- Gewinn-und Verlustrechnung (GuV),
- Anhang.

Hinweis: *Nach der Formulierung des § 264 Abs. 1 Satz 1 HGB ist der Lagebericht nicht direkt Teil des Jahresabschlusses. Er muss aber trotzdem aufgestellt werden.*

→ **Karten 24 bis 26, 145**

Aus welchen Teilen besteht der Jahresabschluss einer großen Kapitalgesellschaft immer?

Ein Grundstückskäufer wird wirtschaftlicher Eigentümer **bei Übergang von Nutzen und Lasten**.

Hinweis: *Nicht erst bei Eintragung ins Grundbuch!*

Wann wird ein Grundstückskäufer wirtschaftlicher Eigentümer?

Der **Lagebericht** soll die **Chancen und Risiken** des Unternehmens darstellen.

Er gibt hauptsächlich Hinweise auf die zukünftige Entwicklung, z .B. neue Produkte, Erschließung neuer Märkte usw.

Er enthält **folgende Teile**:

- Wirtschaftsbericht
- Nachtragsbericht
- Prognosebericht
- Risikobericht
- Chancenbericht
- Forschungsbericht
- Umweltbericht
- Zweigniederlassungsbericht
- Nichtfinanzielle Erklärung

Was steht im Lagebericht?

Mit der **Inventur** werden alle Vermögensgegenstände und Schulden eines Unternehmens zu einem Stichtag erfasst.

Im Anschluss an die Inventur werden in dem **Inventar** die Vermögensgegenstände und Schulden mit ihrem Wert angegeben.

Was ist der Unterschied zwischen „Inventur“ und „Inventar“?

§ 239 HGB – Führung der Handelsbücher enthält die **gesetzlichen Regelungen** der Grundsätze ordnungsmäßiger Buchführung **(GoB)**.

→ **Karte 14**

Wo sind die Grundsätze ordnungsmäßiger Buchführung gesetzlich geregelt?

Bei dem **Gesamtkostenverfahren** werden alle Aufwendungen einer Periode den erzielten Erträgen dieser Periode gegenübergestellt.

Da Aufwand und Ertrag bei der Herstellung bestimmter Güter nicht notwendig in derselben Periode anfallen, werden die Bestandsveränderungen, Eigenverbrauch und Eigenleistungen herausgerechnet.

→ **Karten 22, 148**

Wie lässt sich das Gesamtkostenverfahren charakterisieren?

Beim **Umsatzkostenverfahren** werden den Umsatzerlösen einer Periode diejenigen Aufwendungen gegenübergestellt, die für die tatsächlich verkauften Produkte in dieser Periode angefallen sind.

→ **Karten 21, 148**

Wie lässt sich das Umsatzkostenverfahren charakterisieren?

Die Finanzbuchhaltung hat vor allem eine **Dokumentationsaufgabe**:

- Ermittlung der Bestände. Zu einem Stichtag werden die Schulden- und Vermögensbestände dokumentiert.
- Ermittlung der Bestandsveränderungen.
- Ermittlung des Erfolgs. Gegenüberstellung der Aufwendungen und Erträge.
- Bereitstellung von Daten zur Unternehmensplanung.
- Rechenschaftslegung gegenüber Gesellschaftern und Gläubigern.
- Bereitstellung von Beweismitteln bei Prozessen.
- Ermittlung der Besteuerungsgrundlagen.

→ **Interessenten an der Dokumentation, Karte 187**

Welche sind die Aufgaben der Finanzbuchhaltung?

Verbrauchsfolgeverfahren nach **Steuerrecht**:

- Nur **Lifo** (Last in – first out)

→ **Karte 79**

Welche Verbrauchsfolgeverfahren dürfen zur Vereinfachung der Bewertung von Vorräten in der Steuerbilanz angewandt werden?

Ein aktiver Rechnungsabgrenzungsposten (aRAP) hat **Forderungscharakter** und wird deshalb in das **Umlaufvermögen umgegliedert**.

Ausnahme: *Ein eventuell im aRAP enthaltenes Disagio stellt betriebswirtschaftlich einen vorweggenommenen Zinsaufwand dar, der alternativ auch direkt in der GuV erfasst werden könnte. Er hätte dann den Jahresüberschuss gemindert. Deshalb wird ein aktiviertes Disagio mit dem Eigenkapital saldiert.*

→ **Karten 82, 83**

Wie wird ein aktiver Rechnungsabgrenzungsposten bei der Bilanzaufbereitung behandelt?

Aktive latente Steuern sind kein Vermögensgegenstand und werden deshalb mit dem **Eigenkapital saldiert**.

Konsequent werden **passive latente Steuern** in das **Eigenkapital umgegliedert**.

Hinweis: *Aktive und passive latente Steuern können zwar saldiert werden, der verbleibende Saldo muss aber dann wie beschrieben behandelt werden.*

→ **Karten 89, 107**

Wie werden latente Steuern bei der Aufbereitung der Bilanz berücksichtigt?

Es handelt sich um eine Fiktion: Der entgeltlich erworbene Geschäfts- oder Firmenwert „**gilt** als zeitlich begrenzt nutzbarer Vermögensgegenstand“ (§ 246 Abs. 1 Satz 4 HGB).

Wenn der Firmenwert kein Vermögensgegenstand ist, warum steht er dann auf der Aktivseite der Bilanz im Anlagevermögen?

Bei einem Firmenwert handelt es sich nicht um einen **Vermögensgegenstand**, weil die Einzelverkehrsfähigkeit fehlt.

Er muss deshalb auf der **Vermögensseite eliminiert** werden und wird mit dem **Eigenkapital saldiert**.

Hinweis: *Bei der Bilanzaufbereitung muss nicht diskutiert werden, ob es sich um einen derivativen Firmenwert handelt, weil er bereits in der Bilanz aufgeführt ist.*

→ **Karten 56 bis 60, 199**

Wie wird ein Firmenwert bei der Aufbereitung der Bilanz behandelt?

Unter **Saldierung** im Rahmen der Bilanzanalyse versteht man die **Aufrechnung eines Postens** (oder eines Teils davon) mit einer Position auf der **anderen Bilanzseite**.

→ **Karte 198**

Können Sie allgemein beschreiben, was Saldierung im Rahmen der Bilanzanalyse bedeutet?

Bei einer **Umgliederung** wird eine bereits bestehende Bilanzposition einer anderen bereits bestehenden Position (auf derselben Seite der Bilanz) zugeordnet.

Beispiele:

- *Der aRAP wird (ohne Disagio) in das UV gegliedert.*
- *Der Bilanzgewinn wird in das FK umgegliedert.*
- *Die passiven latenten Steuern werden in das EK umgegliedert.*

Was ist unter einer Umgliederung zu verstehen? Nennen Sie zwei Beispiele.

Aufbereitungsmaßnahmen:

- Aufspaltung
- Erweiterung
- Neubildung
- Saldierung
- Umbewertung
- Umgruppierung

Welche Aufbereitungsmaßnahmen kennen Sie?

Auswertungsinstrumente:

- Positionenanalyse

  Beispiel: *Analyse des Eigenkapitals hinsichtlich Betrag und Struktur*

- Positionengruppenanalyse

  Beispiel: *Analyse des Umlaufvermögens*

- Relationenanalyse

  Beispiel: *Relation des Anlagevermögens zum Umlaufvermögen*

- Rechnungsumformungsanalyse

  Beispiel: *Bewegungsbilanz*

Welche Auswertungs-instrumente kennen Sie? Nennen Sie jeweils ein Beispiel.

Aufbau einer Strukturbilanz:

Aktiva			**Passiva**
I.	Bilanzanalytisches Anlagevermögen	I.	Bilanzanalytisches Eigenkapital
II.	Bilanzanalytisches Umlaufvermögen	II.	Bilanzanalytisches Fremdkapital
	Mittel 1. Grades		langfristig
	Mittel 2. Grades		mittelfristig
	Mittel 3. Grades		kurzfristig

Hinweis: *In der Strukturbilanz gibt es die Positionen „Rückstellungen" und „Verbindlichkeiten" nicht.*

Wie ist eine Strukturbilanz aufgebaut?

Durch die Aufbereitung der Bilanz werden die vorhandenen Zahlen in strukturbestimmende Elemente zerlegt, um **sinnvolle Beziehungen** zueinander oder zu Vergleichszahlen beschreiben zu können.

Bilanzpolitische Maßnahmen werden dadurch weitgehend eliminiert, die Bilanzen unterschiedlicher Unternehmen werden **vergleichbar**.

Warum muss die Bilanz vor einer Analyse aufbereitet werden?

- **Chronologischer Vergleich** (Zeitvergleich)
- **Branchenvergleich** (Betriebsvergleich)
- **Soll-Ist-Vergleich**

Die Ergebnisse einer Jahresabschlussanalyse werden erst im Vergleich aussage- und interpretationsfähig. Welche Vergleiche kennen Sie?

Nachteil der **Einzelanalyse des Jahresabschlusses**:

Die Erkenntnismöglichkeiten sind äußerst gering, weil jede **Vergleichsmöglichkeit** fehlt. Daher fehlt ein Maßstab für eine Beurteilung.

Welche Nachteile hat eine Einzelanalyse des Jahresabschlusses?

Die **Aussagefähigkeit der Jahresabschlussanalyse** wird durch folgende Faktoren eingeschränkt:

- Die Zahlen stammen aus der Vergangenheit.
- Zwischen Bilanzstichtag und Veröffentlichung kann ein längerer Zeitraum liegen.
- Die Daten sind aggregiert, positive und negative Entwicklungen können sich ausgleichen.
- In der – legalen – Bilanzgestaltung schlagen sich Interessen nieder.

Wodurch wird die Aussagefähigkeit der Jahresabschlussanalyse grundsätzlich eingeschränkt?

Die Auswahl weiterer **Informationsquellen** für die **Jahresabschlussanalyse** ist abhängig vom Erkenntnisinteresse.

Möglich und sinnvoll sind z. B.:

- Lagebericht/Geschäftsbericht
- Veröffentlichungen des Statistischen Bundesamts oder von Verbänden
- Tagespresse
- Fachzeitschriften
- Mitteilungen von Banken/Börse/Behörden u. a.
- Kontrollinstanzen

→ **Karte 25**

Welche weiteren Quellen (außer dem Jahresabschluss selbst) können für eine Jahresabschlussanalyse genutzt werden?

Die Jahresabschlussanalyse richtet sich an die **Stakeholder**, z. B.:

- Geschäftsleitung
- Eigentümer/Aktionäre
- Fremdkapitalgeber/Banken
- Mitarbeiter
- Lieferanten
- Kunden
- Wettbewerber
- Öffentlichkeit
- usw.

An wen richtet sich die Jahresabschlussanalyse, wer sind die Zielgruppen?

Wie wird die Aufbereitung der GuV für Analysezwecke bezeichnet?

Die Aufbereitung der GuV für Analysezwecke wird als **Erfolgsspaltung** bezeichnet.

Welche Erkenntnisse können durch die Analyse der GuV gewonnen werden?

Die GuV stellt die Erträge und Aufwendungen eines bestimmten Zeitraums dar. Sie zeigt die **Art**, die **Höhe** und die **Quellen des unternehmerischen Erfolgs**.

Üblicherweise wird der Anteil der verschiedenen Aufwandsarten an der Gesamtleistung ermittelt.

Mit welcher Formel wird die Materialaufwandsquote ermittelt?

$$\textbf{Materialaufwandsquote} = \frac{\text{Materialaufwand}}{\text{Gesamtaufwand}} \cdot 100$$

→ **Karte 248**

Angenommen, die Materialaufwandsquote sei gegenüber dem Vorjahr gestiegen. Welche Gründe könnte es dafür geben?

Gründe für den **Anstieg der Materialintensität**:

- Unwirtschaftlicher Materialverbrauch („Ausschuss")
- Preiserhöhungen im Einkauf
- Bessere Materialqualität
- Niedrigere Gesamtleistung

Mit welcher Formel wird die Personalintensität ermittelt?

$$\textbf{Personalintensität} = \frac{\text{Personalaufwand}}{\text{Gesamtleistung}} \cdot 100$$

→ **Karte 246**

Welche Gründe könnten vorliegen, wenn sich die Personalintensität gegenüber dem Vorjahr verändert hat?

Gründe für **Veränderung der Personalintensität**:

- Personalabbau oder -zunahme
- Höhere Tarifabschlüsse
- Veränderungen bei erfolgsabhängigen Vergütungsanteilen (z. B. bei Umsatzbeteiligung)
- Veränderung der Personalstruktur (z. B. mehr Mitarbeiter mit hohen Gehältern)
- Rationalisierungsmaßnahmen
- Veränderung der Gesamtleistung

Bei einem Gewinnabführungsvertrag (Tochter- an Mutterunternehmen) wird das abgeführte Ergebnis bei der Muttergesellschaft im Finanzergebnis erfasst, bei dem Tochterunternehmen aber nicht. Warum ist das so?

Bei einem Gewinnabführungsvertrag handelt es sich für das Tochterunternehmen um eine **ganz normale Gewinnverwendung**.

Üblicherweise werden drei Rentabilitäten ermittelt. Welche sind das?

Folgende **drei Varianten der Rentabilität** werden unterschieden:

- Eigenkapitalrentabilität
- Gesamtkapitalrentabilität
- Umsatzrentabilität

Hinweis: *Als „Fremdkapitalrentabilität" wird manchmal die Verzinsung des Fremdkapitals bezeichnet.*

Wie lautet die vollständige (!) Formel zur Ermittlung der Eigenkapitalrentabilität?

$$\textbf{Eigenkapitalrentabilität} = \frac{\text{Jahresüberschuss vor Steuern - Unternehmerlohn}}{\text{Ø Eigenkapital}} \cdot 100$$

→ **Karte 257**

Warum wird zur Ermittlung der Eigenkapitalrentabilität der Jahresüberschuss herangezogen, nicht der Bilanzgewinn?

Der **Bilanzgewinn** ersetzt die beiden Eigenkapitalpositionen Gewinnvortrag/Verlustvortrag und Jahresüberschuss/Jahresfehlbetrag (§ 268 Abs. 1 HGB).

Er enthält also auch Einflüsse aus der Vorperiode, was die Aussagekraft der Kennzahl mindern würde.

→ **Karte 45**

Warum wird bei der Ermittlung der Eigenkapitalrentabilität der Jahresüberschuss um den Unternehmerlohn korrigiert?

Durch die Korrektur des Jahresüberschusses um den Unternehmerlohn wird erst die **Vergleichbarkeit zwischen Kapital- und Personengesellschaften** möglich:

Bei **Kapitalgesellschaften** hat das Entgelt für die Leitung des Unternehmens (Gehalt von Vorstand oder Geschäftsführung) bereits den Jahresüberschuss vermindert (Personalaufwand).

Das ist bei **Personengesellschaften** nicht der Fall.

Warum ist es wichtig, bei der Ermittlung der Eigenkapitalrentabilität das durchschnittliche Eigenkapital als Basis zu wählen?

Der **Jahresüberschuss** zeigt das Ergebnis zu einem **Stichtag**, das Eigenkapital steht aber während **eines Zeitraums** zur Verfügung und kann sich verändern.

Achtung, Falle! *Gerne wird nach der Berechnung des durchschnittlichen Eigenkapitals gefragt.*

$$\varnothing\ EK = \frac{Anfangsbestand + Endbestand}{2}$$

Diese Formel ist ungenau, genauer wäre die Berechnung mit Monatswerten:

$$\varnothing\ EK = \frac{Monatsbestände}{13}$$

*Im Zähler werden **13 Werte** addiert, nicht 12: Anfang Januar, Ende Januar, Ende Februar, Ende März ... Ende Dezember.*

Mit welcher Formel wird die Gesamtkapitalrentabilität berechnet?

$$\textbf{Gesamtkapitalrentabilität} = \frac{\text{Jahresüberschuss vor Steuern + Fremdkapitalzinsen}}{\text{Ø Gesamtkapital}} \cdot 100$$

Die Kennziffer zeigt die durchschnittliche Verzinsung des gesamten im Unternehmen eingesetzten Kapitals.

→ **Karten 258, 262**

Warum wird bei der Ermittlung der Gesamtkapitalrentabilität der Jahresüberschuss um die Fremdkapitalzinsen erhöht?

Die **Fremdkapitalzinsen** sind als **Aufwand** in der GuV erfasst und haben den Jahresüberschuss gemindert.

Da die Finanzierung der Unternehmen unterschiedlich ist (Anteil des Fremdkapitals und Konditionen), wäre ein Vergleich ohne diese Korrektur nicht möglich.

Kennen Sie die Investitionsfunktion des Eigenkapitals?

Investitionen, die dem Unternehmen langfristig dienen, sollen auch **langfristig finanziert** sein.

Kennen Sie die betriebspolitische Funktion des Eigenkapitals?

Die – **kalkulatorischen** – **Eigenkapitalzinsen** können aus Wettbewerbsgründen bei der **Preisgestaltung herabgesetzt** werden.

Eigenfinanzierung führt nicht zu ausgabewirksamen Zins- und Tilgungsleistungen.

Mit welcher Formel wird die Umsatzrentabilität berechnet?

$$\textbf{Umsatzrentabilität} = \frac{\text{Jahresüberschuss}}{\text{Umsatzerlöse}} \cdot 100$$

Hinweis: *Die Umsatzrentabilität wird alternativ auch mit dem ordentlichen Betriebsergebnis bzw. mit der Gesamtleistung berechnet.*

→ **Karten 253, 257, 263**

Zur Interpretation der Baumstruktur eines RoI gibt es zwei Ansätze. Können Sie die Vorgehensweisen skizzieren?

- **Analytische Betrachtung:**

  Die Veränderung des RoI wird bis in die detailliert aufgegliederten Posten zurückverfolgt, also „von links nach rechts". Das ermöglicht eine systematische Ursachenanalyse.

- **Synthetische Betrachtung:**

  Die Veränderungen bei den Erträgen, beim Aufwand und beim Vermögen werden verfolgt, also „von rechts nach links". So zeigen sich die Auswirkungen von Einzelentscheidungen.

→ **Karte 234**

Kennen Sie die sog. „statischen Liquiditätskennzahlen"? Beschreiben Sie die Formeln.

Liquidität 1. Grades (Barliquidität):

$$\frac{\text{Mittel 1. Grades}}{\text{kurzfristiges Fremdkapital}}$$

Liquidität 2. Grades (einzugsbedingte Liquidität):

$$\frac{\text{Mittel 1. und 2. Grades}}{\text{kurzfristiges Fremdkapital}}$$

Liquidität 3. Grades (umsatzbedingte Liquidität):

$$\frac{\text{Mittel 1., 2. und 3. Grades}}{\text{kurzfristiges Fremdkapital}}$$

Hinweis: *Eine Variante der Liquidität 3. Grades ist*

$$\frac{\textit{Mittel 1., 2. und 3. Grades}}{\textit{kurz- und mittelfristiges Fremdkapital}}$$

→ **Karten 267, 268, 353**

Was sind denn genau die Mittel 1., 2. und 3. Grades?

- **Mittel 1. Grades** sind die kurzfristigen liquiden Mittel (Kasse, Bank, Schecks, diskontierbare Wechsel u. Ä.).
- **Mittel 2. Grades** sind die kurzfristigen Forderungen.
- **Mittel 3. Grades** sind die Vorräte.

Bei der Liquidität 3. Grades wird also das gesamte Umlaufvermögen zu den kurzfristigen Verbindlichkeiten ins Verhältnis gesetzt.

Der Cashflow kann auf verschiedene Weise ermittelt werden. Wie unterscheidet sich die direkte von der indirekten Methode?

Ermittlung des Cashflows:

Direkte Methode:

	einzahlungswirksame Erträge
-	auszahlungswirksame Aufwendungen
=	**Cashflow**

Indirekte Methode:

	Jahresüberschuss
+	nicht auszahlungswirksame Aufwendungen
-	nicht einzahlungswirksame Erträge
=	**Cashflow**

In der Praxis werden vereinfachte Verfahren zur Ermittlung des Cashflows genutzt. Wie lautet die sog. Praktikerformel?

Die **Praktikerformel** lautet

	Jahresüberschuss
+	Abschreibungen
=	**Cashflow**

Wie kann die sog. Praktikerformel zur Ermittlung des Cashflows präzisiert werden?

Präzisierte Praktikerformel:

	Jahresüberschuss
+	Abschreibungen
=	**Cashflow gem. Praktikerformel**
+/-	Veränderung der Rückstellungen
+/-	Veränderungen der Wertberichtigungen
=	**Cashflow**

Die Kapitalflussrechnung erweitert die Cashflowrechnung. Welche zusätzlichen Informationen werden berücksichtigt?

Die **Kapitalflussrechnung** beruht nicht allein auf Zahlen aus der GuV, sondern zusätzlich auf **Informationen aus der Bilanz** und dem **Anlagespiegel**.

→ **Karten 276 bis 281**

Die Kapitalflussrechnung ist in drei Cashflows gegliedert. Welche sind das?

1. Cashflow aus laufender **Geschäftstätigkeit**
2. Cashflow aus der **Investitionstätigkeit**
3. Cashflow aus der **Finanzierungstätigkeit**

Kennen Sie drei Beispiele für Informationen aus der Bilanz, die in die Kapitalflussrechnung übernommen werden?

Informationen, die aus der Bilanz in die Kapitalflussrechnung **übernommen werden**:

- Kapitalerhöhungen
- Ausschüttungen an die Anteilseigner
- Aufnahme von Darlehen
- Veränderung der Rückstellungen
- Veränderung der Vorräte

Ergebnis der Kapitalflussrechnung ist die Veränderung des Finanzmittelfonds. Wie setzt er sich zusammen?

Der **Finanzmittelfonds** setzt sich aus **zwei Teilen** zusammen:

1. Liquide Mittel
2. Finanzmitteläquivalente

→ **Karte 279**

Was sind Finanzmitteläquivalente?

Finanzmitteläquivalente müssen zwei Eigenschaften haben:

1. Die Umwandlung in liquide Mittel muss kurzfristig möglich sein.
2. Sie dürfen keinen wesentlichen Wertschwankungen unterliegen.

Beispiele:

- *Festgelder (max. 3 Monate)*
- *Anteile an Geldmarktfonds*
- *Kurz laufende festverzinsliche Wertpapiere*

Mit welchem Wert und mit welchem Vorzeichen werden die folgenden Beispiele in die Kapitalflussrechnung 02 übernommen?

		02	01	KFR 02
1.	Pensionsrückstellungen	224,00	156,00	
2.	Darlehen	324,00	280,00	
3.	Vorräte	1.048,60	573,00	
4.	Forderungen aus LuL	1.091,00	971,40	
5.	Verbindlichkeiten aus LuL	298,00	317,50	

Übernahme in die Kapitalflussrechnung 02:

		02	01	KFR 02
1.	Pensionsrückstellungen	224,00	156,00	+ 68,00
2.	Darlehen	324,00	280,00	+ 44,00
3.	Vorräte	1.048,60	573,00	- 475,60
4.	Forderungen aus LuL	1.091,00	971,40	- 119,60
5.	Verbindlichkeiten aus LuL	298,00	317,50	- 19,50

Mit welchem Wert und mit welchem Vorzeichen werden die folgenden Beispiele in die Kapitalflussrechnung 02 übernommen?

		02	01	KFR 02
1.	Sonstige VG	1.217,00	1.042,20	
2.	aktive RAP	281,20	255,20	
3.	passive RAP	58,50	42,00	
4.	sonstige Rückstellungen	446,82	416,40	
5.	Bilanzgewinn	412,00	697,40	

Übernahme in die Kapitalflussrechnung 02:

		02	01	KFR 02
1.	Sonstige VG	1.217,00	1.042,20	- 174,80
2.	aktive RAP	281,20	255,20	- 26,00
3.	passive RAP	58,50	42,00	+ 16,50
4.	sonstige Rückstellungen	446,82	416,40	+ 30,42
5.	Bilanzgewinn	412,00	697,40	- 697,40

***Hinweis:** Der Bilanzgewinn 01 wird vollständig in 02 ausgeschüttet, deshalb wird er in der Kapitalflussrechnung 02 berücksichtigt.*

Unterscheidet sich eine Jahresabschlussanalyse danach, ob Sie einen HGB- oder IFRS-Abschluss analysieren?

Bei demselben Erkenntnisinteresse werden auch dieselben Kennzahlen gebildet, daher gibt es keinen Unterschied zwischen der **Analyse eines HGB- oder IFRS-Abschlusses**.

Allerdings werden die Ergebnisse unterschiedlich sein, weil sich aus den Abschlüssen unterschiedliche Werte ergeben.

Eine **Aktivmehrung** ist eine **Mittelverwendung**.

Angenommen, das Unternehmen hat eine Maschine angeschafft, das Anlagevermögen hat also zugenommen.
Wird dieser Vorgang als Mittelverwendung oder Mittelherkunft erfasst?

Nein. Die Bewegungsbilanz hat keine Aktiv- und Passivseite, die beiden Seiten heißen **„Mittelverwendung“** und **„Mittelherkunft“**.

Hat die Bewegungsbilanz auch eine Aktiv- und eine Passivseite?

Die **Bewegungsbilanz** zeigt die Veränderungen einzelner Bilanzpositionen.

Zu ihrer Erstellung müssen daher zwei aufeinander folgende Bilanzen vorliegen. Anschließend werden **die Differenzen der einzelnen Bilanzpositionen** in der Bewegungsbilanz erfasst.

Was ist eine Bewegungsbilanz?

Mit langfristigem Umlaufvermögen ist der **Eiserne Bestand** gemeint.

Die einzelnen Vermögensgegenstände verbleiben zwar nur kurzfristig im Unternehmen, aber durch regelmäßigen Austausch ist dieser Teil des Umlaufvermögens **wertmäßig** dauernd vorhanden.

Was ist denn langfristiges Umlaufvermögen? Das widerspricht doch der Definition von Umlaufvermögen.

Deckungsgrad I (oder Deckungsgrad A):

$$\frac{\text{Eigenkapital}}{\text{Anlagevermögen}} \geq 1$$

Deckungsgrad II (oder Deckungsgrad B):

$$\frac{\text{Eigenkapital + langfristiges Fremdkapital}}{\text{Anlagevermögen}} \geq 1$$

Deckungsgrad III (oder Deckungsgrad C):

$$\frac{\text{Eigenkapital + langfristiges Fremdkapital}}{\text{Anlagevermögen + langfristiges Umlaufvermögen}} \geq 1$$

→ **Karte 240**

Es gibt drei Deckungsgrade. Kennen Sie die Formeln und die dazugehörigen Zielgrößen?

Vermögensgegenstände sollen **fristenkongruent** finanziert sein:

- Diejenigen, die lange im Unternehmen verbleiben, sollen auch langfristig finanziert sein.
- Umgekehrt können Vermögensgegenstände, die das Unternehmen kurzfristig wieder verlassen, auch kurzfristig finanziert sein.

→ **Karte 239**

Zu den Finanzkennzahlen gehören die Deckungsgrade. Welche Vorstellung steckt dahinter?

$$\textbf{Lieferantenziel (in Tagen)} = \frac{\text{Ø Bestand an Verbindlichkeiten aus LuL}}{\text{Wareneingang}} \cdot 360$$

Hinweise: *Im Wareneingang sind außer den Roh-, Hilfs- und Betriebsstoffen auch Aufwendungen für bezogene Leistungen und Bestandsveränderungen enthalten.*

Alle Werte ohne Umsatzsteuer.

Das Lieferantenziel sollte möglichst hoch sein. Mit welcher Kennzahl lässt es sich errechnen?

$$\textbf{Kundenziel (in Tagen)} = \frac{\text{Ø Bestand an Forderungen}}{\text{Umsatzerlöse}} \cdot 360$$

Mit welcher Kennzahl kann gemessen werden, wie lange es dauert, bis die Umsatzerlöse liquiditätswirksam werden?

Umschlagshäufigkeit der Forderungen aus Lieferungen und Leistungen

$$= \frac{\text{Bruttoumsatzerlöse}}{\text{ø Forderungsbestand aus LuL}}$$

Mit welcher Kennzahl wird die „Umschlagshäufigkeit der Forderungen aus Lieferungen und Leistungen“ gemessen?

Forderungen

- binden Kapital,
- müssen finanziert werden,
- schmälern die Rendite und
- bergen Ausfallrisiken.

Warum ist eine Kennzahl von großer Bedeutung, die Auskunft über die Umschlagsdauer der Forderungen gibt?

Folgendes könnte einen **hohen Bestand** an **Vorräten** begründen:

- Erwartete Preissteigerungen
- Ausweitung der Produktion
- Ausnutzung von Mengenrabatten
- Verbesserung der jederzeitigen Lieferfähigkeit

Welche Gründe könnte es dafür geben, bewusst einen hohen Bestand an Vorräten vorzusehen?

$$\textbf{Umschlagshäufigkeit der Vorräte} = \frac{\text{Umsatzerlöse}}{\text{Ø Bestand an Vorräten}}$$

Je höher die Umschlagshäufigkeit, desto geringer ist das durch **Lagerhaltung** gebundene Kapital. Die Läger müssen so dimensioniert sein, dass einerseits keine Produktionsstörungen auftreten, andererseits aber die Kosten durch die **Kapitalbindung** möglichst niedrig sind.

Welche Informationen kann die Kennzahl „Umschlagshäufigkeit der Vorräte“ liefern?

Die Kennzahl heißt **Lagerdauer in Tagen**.

$$\text{Lagerdauer in Tagen} = \frac{360}{\text{Umschlagshäufigkeit der Vorratsvermögens}}$$

Welche Kennzahl zeigt, wie lange Vorräte im Durchschnitt im Unternehmen lagern?

Durch folgende Maßnahmen kann die Anlagenintensität gesenkt werden:

- Leasing
- Outsourcing
- Verkauf von nicht benötigten Anlagen
- Erhöhung des Umlaufvermögens

Welche Möglichkeiten sehen Sie, die Anlagenintensität zu senken?

$$\textbf{Anlagenintensität} = \frac{50.000}{108.000} \cdot 100 = 46,3\ \%$$

$$\textbf{Vorratsintensität} = \frac{20.000}{108.000} \cdot 100 = 18,5\ \%$$

$$\textbf{Arbeitsintensität} = \frac{58.000}{108.000} \cdot 100 = 53,7\ \%$$

Wie errechnen Sie aus dieser verkürzten Strukturbilanz die Anlagenintensität, Vorratsintensität und Arbeitsintensität im Berichtsjahr?

Aktiva | **Passiva**

	Vorjahr	Berichtsjahr		Vorjahr	Berichtsjahr
Anlagevermögen	54.000	50.000	Eigenkapital	47.000	52.000
Umlaufvermögen			Fremdkapital	53.000	56.000
Vorräte	16.000	20.000			
Liquide Mittel	30.000	38.000			
	100.000	108.000		100.000	108.000

Ursachen für **Schwankungen der Kennzahl „Umschlagsdauer des Vorratsvermögens“**:

- Käufe auf Vorrat zur Ausnutzung von Skonti
- Käufe auf Vorrat zur Ausnutzung von günstigen Preisen
- Angebotsverknappung
- Saisonale Schwankungen, deshalb auch schwankende Vorräte
- Optimierung der Lagerhaltung
- Einrichtung von Konsignationslägern

Welche Ursachen können Schwankungen der Kennzahl „Umschlagsdauer des Vorratsvermögens“ haben?

$$\textbf{Umschlagsdauer RHB (in Tagen)} = \frac{\text{Ø Bestand RHB}}{\text{Wareneinsatz für RHB}} \cdot 360$$

Wie wird die Umschlagsdauer der Roh-, Hilfs- und Betriebsstoffe gemessen?

Durch **zunehmende Kapitalbindung** wird das Unternehmen **weniger liquide**.

Gründe können z. B. Absatzschwierigkeiten, ungenügende Lagerorganisation oder mangelhaftes Einkaufsverhalten sein.

→ **Karten 77, 78**

Worauf kann eine steigende Vorratsintensität hindeuten?

Weil beide zusammen in der Strukturbilanz 100 % ergeben, führt eine Erhöhung der einen führt zu einer Verringerung der anderen Kennzahl.

Wie verhalten sich Anlagenintensität und Arbeitsintensität zueinander?

Folgende **Gestaltungsmöglichkeiten** können bei der Ermittlung der **Anlagenintensität** die Aussagekraft mindern:

- Vermögensgegenstände des Anlagevermögens können geleast sein.
- Teile des immateriellen Anlagevermögens können nicht aktiviert sein.
- Auch ein Teil des Umlaufvermögens ist langfristig gebunden („Eiserner Bestand").
- Die Bewertung des Umlaufvermögens ist aktueller (strenges Niederstwertprinzip) als die Bewertung des Anlagevermögens.

Welche Gestaltungsmöglichkeiten können bei der Ermittlung der Anlagenintensität die Aussagekraft mindern?

Beispiele für Gestaltungsmöglichkeiten zur **Verringerung der Anlagenintensität**:

- Anlagevermögen wird geleast und folglich in der Bilanz nicht ausgewiesen.
- Bei selbst geschaffenen immateriellen Vermögensgegenständen wird das Wahlrecht genutzt und nicht aktiviert.
- Das Umlaufvermögen wird nach dem Fifo-Verbrauchsfolgeverfahren bewertet.

→ **Karte 222**

Welche Gestaltungsmöglichkeiten kennen Sie, wenn die Anlagenintensität verringert werden soll? Nennen Sie Beispiele.

Nachteile eines **hohen Anlagevermögens**:

- Hohe Kapitalbindung
- Hohe Fixkostenbelastung
- Gefahr der Kostenremanenz

→ **Karten 221, 223**

Welche Nachteile hat (tendenziell) ein hohes Anlagevermögen?

Vorteile eines **hohen Anlagevermögens**:

- Die Anlagen sind relativ neu (wenig abgeschrieben).
- Sie entsprechen dem aktuellen technischen Stand.
- Ersatzinvestitionen werden in nächster Zeit nicht notwendig.
- Es sind niedrige Reparatur- und Wartungskosten zu erwarten.

→ **Karte 222**

Welche Vorteile hat (tendenziell) ein hohes Anlagevermögen?

$$\textbf{Arbeitsintensität} = \frac{\text{Umlaufvermögen}}{\text{Gesamtvermögen}} \cdot 100$$

Wie lautet die Formel zur Ermittlung der Arbeitsintensität?

$$\textbf{Anlagenintensität} = \frac{\text{Anlagevermögen}}{\text{Gesamtvermögen}} \cdot 100$$

→ **Karte 514**

Wie lautet die Formel zur Ermittlung der Anlagenintensität?

$$\textbf{Statischer Verschuldungsgrad} = \frac{\text{Fremdkapital}}{\text{Eigenkapital}}$$

$$\textbf{Dynamischer Verschuldungsgrad} = \frac{\text{Fremdkapital}}{\text{Cashflow}}$$

Die Fremdkapitalquote darf nicht verwechselt werden mit dem Verschuldungsgrad. Wie wird dieser gemessen?

$$\textbf{Fremdkapitalquote} = \frac{\text{Analytisches Fremdkapital}}{\text{Analytisches Gesamtkapital}} \cdot 100$$

Hinweis: *Die Fremdkapitalquote wird auch als Anspannungs- bzw. Verschuldungskoeffizient bezeichnet.*

Wie wird konsequent die Fremdkapitalquote berechnet?

Die Eigenkapitalquote wird aus der aufbereiteten Bilanz ermittelt. Der Bilanzgewinn wird dabei in das Fremdkapital umgegliedert:

Aktiva			**Passiva**
Anlagevermögen	600	Eigenkapital	450
Umlaufvermögen	410	Fremdkapital	560
	1.010		1.010

Eigenkapitalquote = (450 / 1.010) • 100 = 44,55 %

Wie ermitteln Sie aus dieser verkürzten Bilanz die Eigenkapitalquote?

Aktiva		Passiva	
Anlagevermögen		Eigenkapital	
Immaterielles AV	100	Gezeichnetes Kapital	400
Sachanlagen	500	Gewinnrücklage	50
Umlaufvermögen		Bilanzgewinn	20
Vorräte	150	Rückstellungen	40
Forderungen	200	Verbindlichkeiten	500
Kasse/Bank	60		
	1.010		1.010

Die **Eigenkapitalquote** ist bei den Unternehmen extrem unterschiedlich.

Die durchschnittliche Eigenkapitalquote liegt bei ca. 30 %. Bei kleinen und mittleren Unternehmen ist sie deutlich geringer.

Bei Banken ist die Eigenkapitalquote (bei anderer Berechnung) besonders niedrig.

→ **Karte 214**

Wie hoch ist ca. die Eigenkapitalquote in Deutschland?

$$\textbf{Eigenkapitalquote} = \frac{\text{Analytisches Eigenkapital}}{\text{Analytisches Gesamtkapital}} \cdot 100$$

Hinweis: *Die Quote wird aus den Zahlen der aufbereiteten Bilanz berechnet, deshalb müssen das analytische EK und GK für die Berechnung genutzt werden.*

→ **Karte 215**

Wie sieht die Formel zur Ermittlung der Eigenkapitalquote aus?

Richtzahlen sind **statistische Durchschnittswerte**.

Sie können als **Benchmark** genutzt werden.

Welche Funktion können Richtzahlen übernehmen?

Gliederungszahlen geben den **Anteil einer Teilgröße** an der zugehörigen Gesamtgröße an.

Beispiel: *Die Eigenkapitalquote misst den Anteil des Eigenkapitals am Gesamtkapital.*

→ **Karte 514**

Wie lassen sich Gliederungszahlen beschreiben?

nwb

Indexzahlen können Veränderungen im Zeitablauf darstellen.

Werte zu einem späteren Zeitpunkt werden im Verhältnis zu einem **Basiswert** ermittelt, der zu Beginn auf 100 festgelegt wird.

Beispiel: *Veränderungen des Umsatzes seit der Basisperiode können direkt in Prozenten angegeben werden.*

Was sind Indexzahlen?

Bei **Beziehungszahlen** werden **zwei logisch zusammenhängende Größen** zueinander in Beziehung gesetzt, zwischen denen eine **Ursache-Wirkungs-Beziehung** vermutet wird.

Beispiel: *Aus dem Zusammenhang von Jahresüberschuss und Umsatz wird die Umsatzrentabilität errechnet.*

Was sind Beziehungszahlen?

Beispiele für **Mittelwerte**, die für eine Bilanzanalyse genutzt werden können:

- Durchschnittlicher Bestand der Forderungen
- Durchschnittliches Eigenkapital

Kennen Sie Beispiele für Mittelwerte, die für eine Bilanzanalyse genutzt werden können?

Beispiele für **Summen**, die für eine Bilanzanalyse genutzt werden können:

- Bilanzsumme
- Anlagevermögen

Kennen Sie Beispiele für Summen, die für eine Bilanzanalyse genutzt werden können?

Beispiele für **Einzelzahlen**, die für eine Bilanzanalyse genutzt werden können:

- Bestand liquider Mittel
- Jahresüberschuss

Kennen Sie Beispiele für Einzelzahlen, die für eine Bilanzanalyse genutzt werden können?

Kennzahlenarten:

- Einzelzahlen
- Summen
- Mittelwerte
- Beziehungszahlen
- Gliederungszahlen
- Indexzahlen
- Richtzahlen

Welche Arten von Kennzahlen gibt es?

Einen **Bilanzgewinn** kann es nur geben, wenn die Verwendung des Jahresergebnisses berücksichtigt ist (§ 268 Abs. 1 HGB).

Der Ausschüttungsbetrag hat dann den Charakter einer **kurzfristigen Verbindlichkeit** und muss in das Fremdkapital umgegliedert werden.

→ **Karte 45**

Muss bei der Aufbereitung der Bilanz die Position „Bilanzgewinn“ besonders berücksichtigt werden?

Stille Reserven werden – wenn sie festgestellt werden können – **aufgedeckt** und das Eigenkapital entsprechend erhöht.

Wegen der späteren Steuerbelastung wird aber ein entsprechender **Anteil** dem **Fremdkapital zugeordnet**.

Wie werden stille Reserven bei der Aufbereitung der Bilanz berücksichtigt?

Der **Anhang** enthält Erläuterungen zu einzelnen Positionen der Bilanz und GuV.

Hinweis: *Die Antwort muss die GuV einschließen! Das wird leicht vergessen.*

→ **Karte 187**

Was steht im Anhang?

Der **Cashflow** soll Einblick geben in die Fähigkeit,

- zukünftig finanzielle **Überschüsse** zu erwirtschaften.
- die **Zahlungsverpflichtungen** zu erfüllen.
- **Ausschüttungen** an die Anteilseigner zu leisten.

Welche Informationen sollen durch die Ermittlung des Cashflows gewonnen werden?

Das Ergebnis vor Steuern und Zinsen (EBIT) ist **unbeeinflusst von regionalen Besteuerungen und unterschiedlichen Finanzierungsformen**. Deshalb kann diese Kennzahl zum internationalen Vergleich von Unternehmen herangezogen werden.

Warum ist die Kennzahl EBIT besonders für internationale Vergleiche geeignet?

Funktionen von Kennzahlen:

- Sie machen Sachverhalte sichtbar, die sonst nicht zu erkennen sind.
- Durch Verdichtung werden Sachverhalte komprimiert dargestellt.
- Die Transparenz zur Beurteilung der Lage eines Unternehmens wird erhöht.

Welche Funktionen haben Kennzahlen?

Der **Cashflow** einer Unternehmung ist der **Überschuss der Einzahlungen** über die Auszahlungen während einer Periode **(Nettozufluss liquider Mittel)**.

→ **Karten 271 bis 275**

Was ist der „Cashflow“?

Zur **Beurteilung der Liquidität** können auch herangezogen werden:

- Working Capital
- Cashflow
- Kapitalflussrechnung
- Finanzplan

→ **Karte 270**

Welche anderen Möglichkeiten (neben den statischen Liquiditätskennzahlen) zur Beurteilung der Liquidität könnten noch herangezogen werden?

Das Eigenkapital ist **Haftungskapital** und damit ein wesentliches Kriterium für die **Kreditwürdigkeit** und das Rating.

Kennen Sie die Kreditfunktion des Eigenkapitals?

Rentabilitäten zeigen die **Ertragskraft eines Unternehmens**, indem eine Erfolgsgröße (z. B. der Jahresüberschuss) zum eingesetzten Kapital ins Verhältnis gesetzt wird.

→ **Karte 252**

Was wird mit „Rentabilität“ gemessen?

$$\textbf{RoI} = \frac{\text{Jahresüberschuss}}{\text{Umsatz}} \cdot 100 \cdot \frac{\text{Umsatz}}{\text{investiertes Kapital}}$$

Hinweise auf Varianten:

- *Statt des Jahresüberschusses wird auch das ordentliche Betriebsergebnis zur Berechnung genutzt.*
- *Statt des investierten Kapitals wird auch das betriebsnotwendige Vermögen zur Berechnung genutzt.*

Wie sieht die Formel des Return on Investment (RoI) aus?

Zur Ermittlung des RoI wird die Umsatzrentabilität mit der Umschlagshäufigkeit des Kapitals multipliziert, weil bei einer Veränderung der Umsatzrentabilität sonst nicht zu erkennen wäre, ob sie auf einer **Veränderung des eingesetzten Kapitals** beruht.

Warum wird zur Ermittlung des RoI die Umsatzrentabilität mit der Umschlagshäufigkeit des Kapitals multipliziert?

Kritikpunkte an der statischen Liquidität:

- Zum Zeitpunkt einer möglichen Analyse sind die Zahlen veraltet.
- Es handelt sich um eine Stichtagsbetrachtung, kurz vorher oder nachher kann die Situation deutlich anders sein.
- Wichtige Größen (z. B. Kreditlinien) sind nicht bekannt.
- Bei der Aufbereitung sind Informationen verloren gegangen.

Die statischen Liquiditätskennzahlen werden kritisch gesehen. Kennen Sie einige der Kritikpunkte?

- Die **formale Analyse** untersucht die Einhaltung der Bilanzierungs- und Bewertungsvorschriften und der Grundsätze ordnungsmäßiger Buchführung.
- Die **materielle Analyse** bezieht sich auf die Bilanzierung dem Grunde und der Höhe nach. Sie dient der Beurteilung der Zahlungsströme und ihrer Auswirkungen auf die Lage des Unternehmens.

→ **Karten 9, 12**

Man unterscheidet zwischen formaler und materieller Jahresabschlussanalyse. Was ist darunter zu verstehen?

Nach IAS gilt für die Bewertung von Vorräten das **strenge Niederstwertprinzip** (wie § 253 Abs. 4 HGB) unabhängig davon, ob der Wertverlust kurzfristig oder dauerhaft ist (IAS 2.9).

Wie erfolgt die Folgebewertung von Vorräten nach IAS 2?

Bei der Ermittlung des **verwässerten Ergebnisses** werden **potenzielle Stammaktien** berücksichtigt.

Potenzielle Aktien ergeben sich aus **Rechten zum Bezug von Stammaktien**.

Dabei wird unterstellt, dass alle zum Stichtag noch ausstehenden Options- oder Wandlungsrechte schon zum Jahresanfang ausgeübt worden wären.

Wie unterscheidet sich das unverwässerte vom verwässerten Ergebnis je Aktie?

- Nach **HGB** sind eigene Anteile in Höhe des Nennwerts offen von dem Posten „Gezeichnetes Kapital" abzusetzen.
- Nach **IAS 32** sind eigene Anteile auf der Passivseite vom Eigenkapital abzuziehen.

→ **Karte 43**

Wie wirkt sich der Rückkauf eigener Aktien in der Bilanz nach HGB und IAS 32 aus?

Das **Eigenkapital** besteht gem. IAS 32 aus:

- **Gezeichnetes Kapital** (share capital bzw. issued capital)
- **Kapitalrücklagen** (capital reserves)
- **Gewinnrücklagen** (revenue reserves)
- **Thesaurierte Vorjahresergebnisse** (accumulated profits/losses)

→ **Karte 36**

Aus welchen Teilen besteht gem. IAS 32 das Eigenkapital?

Rückstellungen für einmalige Ereignisse werden zum **wahrscheinlichsten Betrag** angesetzt (IAS 37.39). Die Rückstellung ist i. H. von 55.000 € zu bilden.

Mit einer Wahrscheinlichkeit von 67 % betragen die Risiken aus einem Prozess 55.000 €, mit einer Wahrscheinlichkeit von 33 % betragen sie 83.000 €. In welcher Höhe muss eine Rückstellung nach IAS 37.40 gebildet werden?

Die Wahrscheinlichkeit für den Abfluss von Ressourcen muss nach IFRS **über 50 %** liegen, damit eine Rückstellung zu bilden ist.

→ **Karten 95, 181**

Wie hoch muss nach IFRS die Wahrscheinlichkeit für den Abfluss von Ressourcen sein, damit eine Rückstellung zu bilden ist?

Vorräte werden bei der internationalen Rechnungslegung mit den **Anschaffungs- oder Herstellungskosten** bewertet, solange der Nettoveräußerungspreis nicht niedriger ist.

Auch nach IAS 2 gilt das strenge **Niederstwertprinzip**.

→ **Karte 77**

Wie werden Vorräte bei der internationalen Rechnungslegung bewertet?

Verbrauchsfolgeverfahren nach **Handelsrecht**:

- **Lifo**-Verfahren (Last in – first out)
- **Fifo**-Verfahren (First in – first out)

→ **Karten 78, 79, 179**

Welche Verbrauchsfolgeverfahren dürfen zur Vereinfachung der Bewertung von Vorräten in der Handelsbilanz angewandt werden?

Zölle sind **Anschaffungsnebenkosten**, sie müssen aktiviert werden.

Wie sind Zölle zu behandeln, die beim Import von Handelswaren zu zahlen sind?

Wenn ein **Unternehmer nicht vorsteuerabzugsberechtigt** ist, gehören entrichtete **Vorsteuerbeträge** zu den **Anschaffungskosten**.

Kann es sein, dass gezahlte Vorsteuer zu den Anschaffungskosten zählt?

Es gilt einerseits die **strenge Maßgeblichkeit** der handelsrechtlichen Werte für die Steuerbilanz und andererseits die **umgekehrte Maßgeblichkeit**, wenn Bewertungen steuerlich motiviert vorgenommen werden.

Im Ergebnis sind die Herstellungskosten **in Handels- und Steuerbilanz identisch**.

Wie unterscheidet sich der Ansatz der Herstellungskosten in der Steuerbilanz von dem Ansatz in der Handelsbilanz?

Entwicklungskosten sind **Herstellungskosten, Forschungskosten** aber **nicht**.

Sind Forschungs- und Entwicklungskosten bei der Aktivierung eines selbst geschaffenen Vermögensgegenstands zu berücksichtigen?

Herstellungskosten			
	Pflicht	**Wahlrecht**	**Verbot**
Einzelkosten der Fertigung	X		
Fertigungsgemeinkosten	X		
Materialeinzelkosten	X		
Materialgemeinkosten	X		
Sondereinzelkosten der Fertigung	X		
Werteverzehr des Anlagevermögens	X		
Wertuntergrenze			
Kosten der allgemeinen Verwaltung		X	
Aufwendungen für soziale Einrichtungen		X	
Freiwillige soziale Leistungen		X	
Betriebliche Altersversorgung		X	
Fremdkapitalzinsen		X	
Wertobergrenze			
Forschungskosten			X
Vertriebskosten			X

→ **Karten 73, 74, 108, 170**

Mit welchem Wert müssen die Herstellungskosten mindestens angesetzt werden und wie ist die Höchstgrenze festgelegt?

Herstellungskosten sind gem. § 255 Abs. 2 Satz 1 HGB die Aufwendungen, die für die Herstellung, Erweiterung oder Verbesserung eines Vermögensgegenstandes entstehen.

Was sind Herstellungskosten nach § 255 Abs. 2 Satz 1 HGB?

Handels- und steuerrechtlich besteht ein **Gebot** der **Wertaufholung**, wenn der **Teilwert** nach einer **Teilwertabschreibung** wieder **gestiegen** ist.

Der fortgeschriebene Ausgangswert für die Teilwertabschreibung darf aber nicht überschritten werden.

Wann muss eine Wertaufholung stattfinden?

Bei der handelsrechtlichen Bewertung kommt es bei Finanzanlagen darauf an, ob die Wertminderung voraussichtlich dauerhaft ist.

- Bei voraussichtlich **dauerhafter** Wertminderung besteht ein **Gebot,** auf den **niedrigeren Wert abzuschreiben**.
- Bei voraussichtlich **vorübergehender** Wertminderung besteht ein **Abschreibungswahlrecht**.

Wie sind Finanzanlagen handelsrechtlich zu bewerten, wenn ihr Wert gesunken ist?

Bei einer **voraussichtlich dauerhaften Wertminderung** besteht für **Sachanlagen** ein steuerliches (und von der Handelsbilanz unabhängiges) **Abschreibungswahlrecht**.

→ **Karte 69**

Wie sind Sachanlagen steuerrechtlich zu bewerten, wenn ihr Wert gesunken ist?

Gründungskosten sind sofort abzugsfähige Aufwendungen. Sie dürfen nicht aktiviert werden.

Wie werden in der Handelsbilanz einer Kapitalgesellschaft ihre Gründungskosten berücksichtigt?

Es besteht ein **Ansatzverbot**: „Für immaterielle Wirtschaftsgüter des Anlagevermögens ist ein Aktivposten nur anzusetzen, wenn sie entgeltlich erworben wurden." (§ 5 Abs. 2 EStG)

Achtung! *Durchbrechung des Grundsatzes der Maßgeblichkeit.*

→ **Karte 60**

Dürfen selbst geschaffene immaterielle Vermögensgegenstände in der Steuerbilanz aktiviert werden?

Betriebsvorrichtungen sind Maschinen und sonstige **Vorrichtungen** aller Art, **die zu einer** Betriebsanlage **gehören** (§ 68 Abs. 2 Nr. 2 BewG).

Beispiele: *Lastenaufzug, Kran*

Ertragsteuerlich handelt es sich um **bewegliche Wirtschaftsgüter.**

Können Sie beschreiben, was „Betriebsvorrichtungen“ sind?

Wenn von einem Aktivierungswahlrecht für aktive latente Steuern Gebrauch gemacht wird, besteht für die entsprechenden Beträge eine **Ausschüttungssperre** (§ 268 Abs. 8 HGB).

Welche Folgen ergeben sich für die Ausschüttung, wenn latente Steuern aktiviert werden?

Durch die unterschiedliche Abschreibungsdauer und Abschreibungshöhe in Handels- und Steuerbilanz ergeben sich abweichende Werte.

Es entstehen **latente Steuern**.

→ **Karten 89, 90**

Welches Problem ergibt sich durch die unterschiedlichen Abschreibungen des Firmenwerts in Handels- und Steuerbilanz?

Der **Firmenwert** wird **steuerrechtlich** entsprechend seiner **betriebsgewöhnlichen Nutzungsdauer** über **15 Jahre** abgeschrieben (§ 7 Abs. 1 Satz 3 EStG).

→ **Karte 63**

Wie wird ein steuerrechtlich aktivierter Firmenwert abgeschrieben?

Selbst geschaffene immaterielle Vermögensgegenstände des Anlagevermögens **können** (Wahlrecht!) als **Aktivposten** in die Bilanz aufgenommen werden (§ 248 Abs. 2 HGB).

Ausnahmen: *Marken, Drucktitel, Verlagsrechte, Kundenlisten und vergleichbare immaterielle Vermögensgegenstände.*

Dürfen selbst geschaffene immaterielle Vermögensgegenstände in der Handelsbilanz aktiviert werden?

- Für den **selbst geschaffenen Firmenwert** besteht steuerrechtlich ein **Bilanzierungsverbot**.
- Für den **derivativen Firmenwert** besteht nach Steuerrecht eine **Ansatzpflicht**.

→ **Karten 61, 63**

Welche Ansatzvorschriften bestehen steuerlich bei einem Firmenwert?

Der entgeltlich erworbene Geschäfts- oder Firmenwert gilt als **zeitlich begrenzt nutzbarer Vermögensgegenstand** (§ 246 Abs. 1 Satz 4 HGB). **Planmäßige Abschreibungen** sind – wenn die voraussichtliche Nutzungsdauer nicht verlässlich geschätzt werden kann – über einen Zeitraum von **zehn Jahren** vorzunehmen (§ 253 Abs. 3 HGB).

→ **Karte 171**

Wie wird ein handelsrechtlich aktivierter Firmenwert abgeschrieben?

- Für den **derivativen Firmenwert** besteht nach Handelsrecht ein **Aktivierungsgebot**.
- Für den **selbst geschaffenen/originären Firmenwert** besteht handelsrechtlich ein **Bilanzierungsverbot**.

→ **Karte 48**

Wie wird ein Firmenwert handelsrechtlich aktiviert?

- Der **derivative Firmenwert** entsteht bei Kauf eines Unternehmens.
- Der **originäre Firmenwert** ist selbst geschaffen.

→ **Karten 58 bis 60**

Es gibt zwei Arten eines Firmenwerts. Worin liegt der Unterschied?

Ein **Firmenwert** ist der Betrag, den ein potenzieller Käufer für ein Unternehmen über den Wert der Vermögensgegenstände abzüglich Schulden zum Zeitpunkt der Übernahme hinaus zu zahlen bereit ist.

→ **Karten 57 bis 59, 113, 198**

Wie wird der „Firmenwert“ definiert?

Aktivierungsverbote gem. **§ 248 Abs. 1 HGB**:

- Gründungskosten
- Aufwendungen für die Beschaffung des Eigenkapitals
- Aufwendungen für den Abschluss von Versicherungsverträgen

In § 248 Abs. 1 HGB sind Aktivierungsverbote genannt. Welche sind das?

Beispiele für **unselbstständige Gebäudeteile**, die keine Betriebsvorrichtungen sind:

- Lichtreklamen
- Markisen
- Garagen
- Klimaanlagen (Hotel, Büro)
- Rolltreppen (Kaufhaus)

Kennen Sie Beispiele für unselbstständige Gebäudeteile, die keine Betriebsvorrichtungen sind?

Der **rechtliche** Eigentümer hat das umfassende Recht zur tatsächlichen und rechtlichen Nutzung einer Sache. Er kann mit seiner Sache grundsätzlich nach Belieben verfahren, soweit das die Rechtsordnung zulässt.

Der **wirtschaftliche** Eigentümer kann die Sache wirtschaftlich nutzen und einen Vorteil daraus erzielen. Er besitzt die Sachherrschaft, für den rechtlichen Eigentümer ist dann im Regelfall die Einwirkung auf die Sache ausgeschlossen.

Was ist der Unterschied zwischen „rechtlichem Eigentum“ und „wirtschaftlichem Eigentum“?

Betriebsvorrichtungen sind Sachanlagen, mit denen das Gewerbe unmittelbar betrieben wird. Sie sind auch dann bewegliche Wirtschaftsgüter, wenn sie wesentliche Bestandteile eines Grundstücks sind.

Beispiele:

- *Förderbänder in einem Lager*
- *Lastenaufzug*
- *Fabrikschornsteine*
- *Kinobestuhlung*

→ **Karte 54**

Was sind Betriebsvorrichtungen? Kennen Sie Beispiele?

Die beiden Begriffe „Vermögensgegenstand“ und „Wirtschaftsgut“ bezeichnen dasselbe:

- **„Vermögensgegenstand“** ist die **handelsrechtliche**,
- **„Wirtschaftsgut“** die **steuerrechtliche** Bezeichnung.

Was ist der Unterschied zwischen einem Vermögensgegenstand und einem Wirtschaftsgut?

Bei einem Pkw, der auch privat genutzt wird, kommt es auf den Umfang der Nutzung an, ob er zum Betriebsvermögen gehört oder nicht:

- **Betriebliche Nutzung > 50 %:**

  Notwendiges Betriebsvermögen

- **Betriebliche Nutzung ≥ 10 % und ≤ 50 %:**

  Gewillkürtes Betriebsvermögen

- **Betriebliche Nutzung < 10 %:**

  Privatvermögen

Gehört ein Pkw, der auch privat genutzt wird, zum Betriebsvermögen?

Das HGB enthält keine **Definition des Umlaufvermögens**.

Aus **§ 247 Abs. 2 HGB** ergibt sich aber **im Umkehrschluss**, dass es Gegenstände sind, die **nicht** dazu bestimmt sind, dem Geschäftsbetrieb **dauerhaft** zu dienen.

→ **Karte 153**

Wo ist im HGB das Umlaufvermögen definiert?

Bestimmte immaterielle Vermögensgegenstände sind gem. § 248 Abs. 2 Satz 2 HGB **ausdrücklich** von der Aktivierung **ausgeschlossen**. Dazu gehören

- selbst geschaffene Marken,
- Drucktitel,
- Verlagsrechte,
- Kundenlisten und
- vergleichbare immaterielle Vermögensgegenstände des Anlagevermögens.

Gibt es Vermögensgegenstände, deren Aktivierung nicht zulässig ist?

Der Begriff **„Vermögensgegenstand“** ist im HGB nicht definiert. Eine einheitliche Auffassung dazu gibt es nicht.

Ein Bilanzansatz ist nur möglich, wenn er

- selbstständig verwertbar ist,
- dem Unternehmen wirtschaftlich zurechenbar ist,
- selbstständig bewertbar ist.

→ **Karten 51, 151**

Was ist rechtlich ein „Vermögensgegenstand“?

Einen Überblick über mögliche Bewertungskriterien gibt die folgende Tabelle:

Bewertungskriterien	Punkte
Sachliche und fachliche Richtigkeit	0–60
Vollständigkeit	0–5
Tiefe und Breite der Ausführungen	0–5
Angemessene Vorgehensweise	0–3
Fachsprache, Strukturierung	0–5
Transferfähigkeit	0–10
Notwendige Hilfen	0–10
Sicherheit der Beantwortung	0–2
	0–100

Fachgespräch
(Bewertung)

Das **Fachgespräch** wird gegenüber der Präsentation **doppelt gewichtet**.

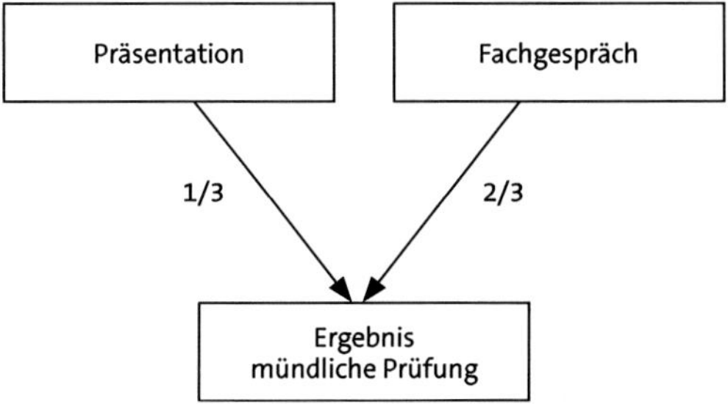

Fachgespräch (Gewichtung)

Bei integrierten Fragen werden Probleme der betrieblichen Praxis „unter Beachtung der maßgeblichen Einflussfaktoren“ besprochen, die unterschiedlichen Handlungsbereichen zugeordnet werden können. Diese Gesprächsführung setzt voraus, dass entweder jemand mehrere (oder idealerweise alle) Handlungsbereiche diskutieren kann, oder dass die – erfahrenen – Mitglieder des Prüfungsausschusses konkurrenzfrei zusammenarbeiten und jeweils Brücken zu anderen Handlungsbereichen bauen können.

Dadurch kann ein **wirkliches Fachgespräch** entstehen, wie es die Prüfungsverordnung vorsieht.

Ein „→“ verweist ggf. auf mögliche Anschlussfragen bzw. -themen und soll einen Eindruck von den Verknüpfungsmöglichkeiten geben. Die Antworten sind beispielhaft und – wie in der Prüfung – nicht notwendig vollständig.

Fachgespräch (Integrierte Fragen)

Bei isolierten Fragen werden einzelne Handlungsbereiche nacheinander und ohne Verbindung zueinander besprochen. Diese Vorgehensweise ist vor allem bei Prüfungsausschüssen verbreitet, in die Experten oder Expertinnen für einzelne Handlungsbereiche berufen worden sind, um das breite Spektrum in der mündlichen Prüfung überhaupt abdecken zu können. Die Fragen stellen dann verschiedene Personen.

Dabei entwickelt sich allerdings gerade kein Fachgespräch; es handelt sich dann um eine ganz **traditionelle Befragung**.

Fachgespräch
(Isolierte Fragen)

Das Fachgespräch soll „ausgehend von der Präsentation“ geführt werden. Die Prüfungsausschüsse greifen deshalb i. d. R. zunächst nochmals auf die Themen der Präsentation zurück. So lässt sich die verständliche Anspannung am ehesten abbauen.

Grundsätzlich sind zwei Vorgehensweisen zu erwarten:

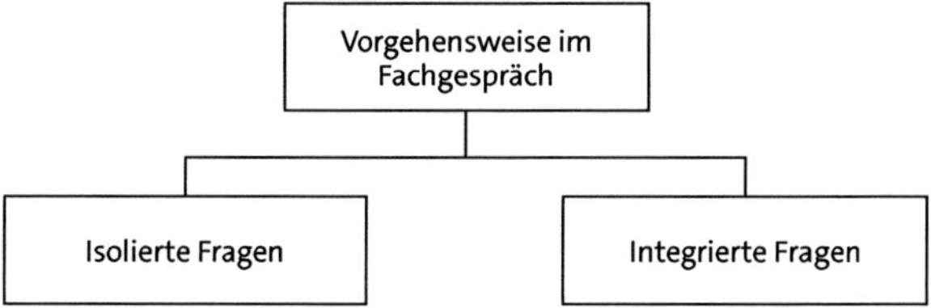

Vorbereitung auf das Fachgespräch

Lang und ausführlich: Die Antworten werden ausgedehnt, um möglichst viel Zeit zu verbrauchen und dadurch die Anzahl der möglichen Fragen zu minimieren.

Vorteile	Nachteile
► Wenn ein Thema ausführlich reflektiert werden kann, zeigt das umfangreiches Fachwissen. ► Es besteht die Chance, den Prüfungsausschuss auf gewollte Themen zu lenken. ► Ein – in der Prüfungsverordnung nicht vorgesehenes – Frage-und-Antwort-Spiel wird vermieden.	► Gefahr, „sich zu verheddern". ► Unbeabsichtigt werden Begriffe benutzt, an die Nachfragen anschließen können. Das wäre aber nur sinnvoll, wenn der Prüfungsausschuss tatsächlich darauf hingelenkt werden sollen. ► Verdacht, dass abgelenkt werden soll.

Beantwortung von Fragen (II)

Das Fachgespräch findet **im Anschluss** an die Präsentation statt. Dabei soll die fachliche Kompetenz der Prüfungsteilnehmerin oder des Prüfungsteilnehmers erfasst werden. Sie sollen nachweisen, dass sie „in der Lage sind, Probleme der betrieblichen Praxis zu analysieren und Lösungsmöglichkeiten unter Beachtung der maßgebenden Einflussfaktoren zu bewerten". Die zielführende Darstellung des Sachverhalts und der damit verbundenen Probleme steht im Vordergrund, rechnerische Lösungen werden i. d. R. nicht erwartet.

Im Dialog werden fachliche Fragen und Arbeitsaufgaben erörtert und mögliche Lösungsalternativen bewertet. Probleme, Lösungen und Vorgehensweisen werden diskutiert.

Die Prüfungsordnung sieht für das Fachgespräch **keine thematischen Einschränkungen** vor. Das bedeutet, dass es sich auf alle (!) Handlungsbereiche erstrecken kann. Eine thematische Einschränkung ist nicht möglich. Zur Vorbereitung muss also der gesamte Lernstoff wiederholt werden.

Ablauf

Bei der Beantwortung von Fragen im Fachgespräch sind grundsätzlich zwei – gleichwertige – Strategien möglich. Die Entscheidung orientiert sich an der eigenen Persönlichkeit und vor allem an ihrem Fachwissen. Beide haben ihre Vor- und Nachteile:

Kurz und präzise: Die Antworten gehen möglichst genau auf die Frage ein. Weitergehende Ausführungen durch eigene Initiative werden vermieden.

Vorteile	Nachteile
► Dem Prüfungsausschuss werden keine „Angebote" durch längere Ausführungen gemacht. ► Das Themenspektrum kann größer sein. ► Hilfestellungen sind einfacher. ► Kurze Begründungen zeigen Kompetenz.	► Anschlussfragen lassen sich schwer abschätzen. ► Wenn anschließend neue Themen angesprochen werden, ist unklar, ob sie beherrscht werden.

Beantwortung von Fragen (I)

Die mündliche Prüfung der Bilanzbuchhalter soll dem Prüfungsausschuss ein eindeutiges Bild von

- den **fachlichen Fähigkeiten**
- den **sozialen** und **interaktiven Fähigkeiten** sowie
- dem **persönlichen Erscheinungsbild**

der Teilnehmerin oder des Teilnehmers vermitteln. Deshalb steht bei den Prüfungen zwar das fachliche Wissen und Können im Vordergrund, die kommunikativen Aspekte dürfen aber keinesfalls vernachlässigt werden.

Die Prüfungsausschüsse gehen davon aus, dass die Teilnehmerinnen und Teilnehmer die mündliche Prüfung als selbstgesteuerte Aufgabe verstehen, die sie aufgrund ihrer beruflichen Erfahrungen und persönlichen Interessen lösen. Angestrebt ist also ein **Fachgespräch, kein Frage- und-Antwort-Spiel**.

Zur mündlichen Prüfung kann nur **zugelassen** werden, wer die schriftliche Prüfung bestanden hat.

Einführung

Forderungen werden bei der internationalen Rechnungslegung grundsätzlich mit ihrem **Nennwert** bewertet.

Es können Einzelwertberichtigungen oder pauschaliert ermittelte Einzelwertberichtigungen vorgenommen werden.

Wenn die Gründe für die Wertminderung entfallen, besteht ein Wertaufholungsgebot.

Wie werden Forderungen bei der internationalen Rechnungslegung bewertet?

Wenn bei einem Flugzeug (nur) die Turbinen ersetzt werden, ist der **Restbuchwert** der alten Turbinen **auszubuchen** und die neuen Turbinen sind als **Zugang zu aktivieren** (IAS 16.13).

Wie ist nach IFRS zu buchen, wenn bei einem Flugzeug (nur) die Turbinen ersetzt werden?

Beim Komponentenansatz nach IAS 16 **(Component Approach)** wird jeder Teil (mit einem bedeutsamen Anschaffungswert) einer Sachanlage getrennt abgeschrieben.

Beispiel „Flugzeug“: *Rumpf und Triebwerke haben eine unterschiedliche Abschreibungsdauer.*

Was versteht man unter dem „Component Approach“ bei der Bewertung von Sachanlagen?

Percentage-of-Completition-Method:

Im Gegensatz zum HGB regelt IFRS 15 einen periodengerechten Forderungs- und Gewinnausweis.

Deshalb kommt es bereits vor Fertigstellung und vor Entstehung einer Forderung zu einer anteiligen Gewinnrealisierung.

Was versteht man unter der „Percentage-of-Completition-Method“?

nwb

Neubewertungsmodell nach IAS 16.31 ff.:

Die Methode ist nur für eine einheitliche Gruppe von Sachanlagen anwendbar. Maßstab ist der Fair Value, der regelmäßig überprüft werden muss.

Wenn die Neubewertung zu einer Erhöhung des Buchwerts führt, ist die Neubewertungsrücklage entsprechend anzupassen.

Können Sie das Neubewertungsmodell des IAS 16.31 ff. beschreiben?

Anschaffungskostenmodell nach IAS 16.30:

Eine Sachanlage ist mit ihren Anschaffungskosten abzüglich der kumulierten Abschreibungen und den kumulierten Wertminderungsaufwendungen zu bilanzieren.

Können Sie das Anschaffungskostenmodell des IAS 16.30 beschreiben?

Bei der Folgebewertung nach IFRS kann zwischen folgenden Methoden gewählt werden:

- **Anschaffungskostenmodell** (IAS 16.30)
- **Neubewertungsmodell** (IAS 16.31 ff.)

→ **Karten 173, 174**

Bei Folgebewertung kann nach IFRS zwischen zwei Methoden gewählt werden. Wie heißen diese beiden Methoden?

Folgebewertung des Firmenwerts:

a) **Nach HGB** ist der Firmenwert i. d. R. **über 10 Jahre** abzuschreiben (§ 253 Abs. 3 Satz 3 HGB).

b) **Nach IFRS** ist die Werthaltigkeit **einmal jährlich** zu überprüfen.

c) **Im Steuerrecht** erfolgt die Abschreibung **über 15 Jahre** (§ 7 Abs. 1 Satz 3 EStG).

→ **Karte 59**

Wie ist die Folgebewertung bei einem Firmenwert ...

a) nach HGB

b) nach IFRS

c) im Steuerrecht

... geregelt?

Zusammensetzung der Herstellungskosten:

<table>
<tr><th>Kostenbestandteile</th><th>HGB</th><th>IFRS</th></tr>
<tr><td>Materialeinzelkosten</td><td rowspan="6">Pflicht</td><td rowspan="7">Pflicht</td></tr>
<tr><td>Fertigungseinzelkosten</td></tr>
<tr><td>Sondereinzelkosten der Fertigung</td></tr>
<tr><td>Entwicklungskosten</td></tr>
<tr><td>Materialgemeinkosten</td></tr>
<tr><td>Fertigungsgemeinkosten</td></tr>
<tr><td>Fremdkapitalzinsen</td><td rowspan="2">Wahlrecht</td></tr>
<tr><td>Allgemeine Verwaltungskosten</td><td rowspan="3">Verbot</td></tr>
<tr><td>Vertriebskosten</td><td rowspan="2">Verbot</td></tr>
<tr><td>Forschungskosten</td></tr>
</table>

→ **Karte 72**

Wie setzen sich die Herstellungskosten nach IFRS und HGB zusammen?

Ein derivativer **Goodwill** (Firmenwert) muss **aktiviert** werden.

→ **Karten 58, 59**

Wie ist ein derivativer Firmenwert im Einzelabschluss nach IFRS zu behandeln?

- **Forschungsphase:**

  Aufwendungen zur Gewinnung neuer wissenschaftlicher oder wirtschaftlicher Erkenntnisse stellen **Forschungsaufwand** dar.

  Beispiel: *Suche nach alternativen Materialien oder Verfahren*

- **Entwicklungsphase:**

  Aufwendungen zur Anwendung der Forschungsergebnisse sind **Entwicklungsaufwand**.

  Beispiel: *Test von Prototypen*

Bei der Behandlung selbst geschaffener immaterieller Vermögenswerte ist nach IAS 38.51 ff. zwischen einer Forschungs- und einer Entwicklungsphase zu unterscheiden.

Worin liegt der Unterschied?

Immaterielle Vermögensgegenstände dienen meistens langfristig dem Geschäftsbetrieb und sind daher dem **Anlagevermögen** zuzuordnen.

Gehören immaterielle Vermögensgegenstände nach IFRS zum Anlage- oder zum Umlaufvermögen?

Immaterielle Vermögenswerte = **Intangible assets**

Immaterielle Vermögenswerte sind nach IFRS **identifizierbare Vermögenswerte ohne physische Substanz**, durch die dem Unternehmen ein wirtschaftlicher Nutzen zufließt.

Beispiele: *Patente, Lizenzen, Software*

→ **Karten 61, 66**

Was sind nach IFRS „immaterielle Vermögenswerte“?

- **Vermögenswert:**

  Assets vermitteln **zukünftigen wirtschaftlichen Nutzen**. Als Nutzen kommen in Betracht:

  - Primärnutzen des Vermögensgegenstandes selbst
  - Tausch gegen andere Vermögensgegenstände
  - Ablösung einer Verbindlichkeit
  - Entnahme durch den Eigentümer

- **Schuld:**

  Liabilities sind **wirtschaftliche Verpflichtungen**, die

  - zu einem Ressourcenabfluss führen und
  - zuverlässig quantifizierbar sind.

→ **Karte 47**

Was ist nach IFRS ein Vermögenswert und was ist eine Schuld?

Die **Segmentberichterstattung** ist **nicht Teil des Jahresabschlusses**.

Kapitalmarktorientierte Unternehmen müssen aber einen Segmentbericht (z. B. als Teil des Anhangs) vorlegen.

Müssen Unternehmen, die einen Abschluss nach IFRS erstellen, eine Segmentberichterstattung vornehmen?

Weil nach IFRS auch erfolgsneutrale Buchungen vorgesehen sind und auch nicht realisierte, aber realisierbare Erträge ihren Niederschlag im Eigenkapital finden, wäre die **Transparenz für Investoren** nicht mehr gegeben, wenn die Entwicklung des Eigenkapitals vom Anfang zum Ende der Periode nicht erkennbar wäre.

Aus diesem Grund ist eine **Eigenkapitalveränderungsrechnung** erforderlich.

Warum ist nach IFRS eine Eigenkapitalveränderungs-rechnung erforderlich?

Sowohl das **Umsatzkostenverfahren** als auch das **Gesamtkostenverfahren** sind bei der Gesamtergebnisrechnung zulässig und **anwendbar**.

→ **Karten 21, 22**

Muss bei der Gesamtergebnisrechnung das Umsatzkostenverfahren oder das Gesamtkostenverfahren angewandt werden?

Das **sonstige Ergebnis** setzt sich wie folgt zusammen:

- Änderungen der Neubewertungsrücklage (IAS 16 und IAS 38);
- Versicherungsmathematische Gewinne und Verluste auf leistungsorientierte Pläne;
- Bewertungserfolge aus der Umrechnung von Abschlüssen eines ausländischen Teilbetriebs (IAS 21);
- Bewertungserfolge aus der Neubewertung finanzieller Vermögenswerte, die zur Veräußerung gehalten werden (IAS 39);
- Der effektive Teil der Bewertungserfolge von Sicherungsinstrumenten bei einem Cashflow Hedge (IAS 39).

Wie setzt sich nach IFRS das „sonstige Ergebnis“ zusammen?

Was besagt das Realisationsprinzip?

Nach dem **Realisationsprinzip** dürfen Gewinne erst ausgewiesen werden, wenn sie realisiert sind.

Absehbare Verluste müssen dagegen ausgewiesen werden **(Imparitätsprinzip)**.

(§252 Abs. 1 Nr. 4 HGB)

→ **Karte 31**

Welche Ausprägungen des Vorsichtsprinzips kennen Sie? Nennen Sie auch die jeweilige Rechtsvorschrift.

Ausprägungen des Vorsichtsprinzips:

- **Realisationsprinzip:** § 252 Abs. 1 Nr. 4 HGB
- **Imparitätsprinzip:** § 252 Abs. 1 Nr. 4 HGB
- **Niederstwertprinzip:** § 253 Abs. 3 Satz 1 HGB
- **Höchstwertprinzip:** § 253 Abs. 1 HGB
- **Anschaffungswertprinzip:** § 253 Abs. 1 HGB
- **Wertaufholungsgebot:** § 6 Abs. 1 Nr. 2 Satz 3 i. V. mit § 6 Abs. 1 Nr. 1 Satz 4 EStG

→ **Karte 134**

Wie ist die Aktivseite der Bilanz auf der ersten Gliederungsebene des § 266 Abs. 2 HGB gegliedert?

Gliederung der **Aktivseite** gem. § 266 Abs. 2 HGB:

- A. Anlagevermögen
- B. Umlaufvermögen
- C. Rechnungsabgrenzungsposten
- D. Aktive latente Steuern
- E. Aktiver Unterschiedsbetrag aus der Vermögensverrechnung

Hinweis: *Die Positionen müssen in der richtigen Reihenfolge genannt werden.*

→ **Karten 33, 34, 49, 130**

Wie ist die Passivseite der Bilanz auf der ersten Gliederungsebene des § 266 Abs. 3 HGB gegliedert?

Gliederung der **Passivseite** gem. § 266 Abs. 3 HGB:

- A. Eigenkapital
- B. Rückstellungen
- C. Verbindlichkeiten
- D. Rechnungsabgrenzungsposten
- E. Passive latente Steuern

Hinweise: *Die Positionen müssen in der richtigen Reihenfolge genannt werden. Den Begriff „Fremdkapital" gibt es im § 266 HGB nicht!*

→ **Karten 35, 36, 45, 82, 94, 107, 109**

Können Sie das Anlagevermögen auf der zweiten Gliederungsebene nach § 266 Abs. 2 HGB untergliedern?

Gliederung des **Anlagevermögens** nach § 266 Abs. 2 HGB:

- I. Immaterielle Vermögensgegenstände
- II. Sachanlagen
- III. Finanzanlagen

Hinweis: *Die Positionen müssen in der richtigen Reihenfolge genannt werden.*

Nach § 247 Abs. 1 HGB muss das Eigenkapital gesondert ausgewiesen und gegliedert werden.
Welche Vorschriften gelten für ...

a) Kapitalgesellschaften?
b) Offene Handelsgesellschaften und Kommanditgesellschaften?
c) Einzelunternehmen und übrige Personengesellschaften?

a) Für **Kapitalgesellschaften**: § 266 HGB

b) Für **Offene Handelsgesellschaften** und **Kommanditgesellschaften**: § 264c Abs. 2 HGB

c) Für **Einzelunternehmen** und übrige **Personengesellschaften** gibt es keine besonderen Vorschriften.

→ **Karten 36, 37**

Aus welchen Teilen besteht das Eigenkapital bei einer Kapitalgesellschaft? Gliedern Sie entsprechend § 266 Abs. 3 HGB.

Gliederung des **Eigenkapitals** nach § 266 Abs. 3 HGB:

- I. Gezeichnetes Kapital
- II. Kapitalrücklage
- III. Gewinnrücklage
- IV. Gewinnvortrag/Verlustvortrag
- V. Jahresüberschuss/Jahresfehlbetrag

Hinweis: *Die Positionen müssen in der richtigen Reihenfolge genannt werden.*

→ **Karten 37 bis 41, 184**

Wie heißt das gezeichnete Kapital bei einer AG und wie heißt es bei einer GmbH?

Das gezeichnete Kapital heißt bei der

- AG: **Grundkapital**.
- GmbH: **Stammkapital**.

Welche Gesellschaften sind verpflichtet, eine Gewinnrücklage zu bilden?

Folgende Gesellschaften sind verpflichtet, eine Gewinnrücklage zu bilden:

- **Aktiengesellschaften**
- **Unternehmergesellschaften** (haftungsbeschränkt)

Zu den Gewinnrücklagen gehört die gesetzliche Rücklage. Können Sie erklären, wie die bei einer Aktiengesellschaft gebildet wird?

In die **gesetzliche Rücklage** sind 5 % des Jahresüberschusses einzustellen, bis – zusammen mit den Beträgen, die nach § 272 Abs. 2 Nr. 1 bis 3 HGB in die Kapitalrücklage einzustellen sind – 10 % des Grundkapitals erreicht sind.

In welche Bilanzposition werden die Teile des Jahresüberschusses eingestellt, die thesauriert werden?

Die nicht ausgeschütteten Teile des Jahresüberschusses werden **in die Gewinnrücklage** eingestellt.

Die Gewinnrücklage ist **Teil des Eigenkapitals**.

Wenn bei der Ausgabe von jungen Aktien ein Agio erzielt wird, in welche Position wird dieses Aufgeld eingestellt?

Das **Aufgeld** wird in die **Kapitalrücklage** eingestellt.

→ **Karten 84, 85**

Ein Investor zahlt 1.200.000 €
für junge Aktien im Nennwert
von 1.000.000 €.
Wie ist zu buchen?

Buchung:

Bank	1.200.000 €	an	Gezeichnetes Kapital	1.000.000 €
			Kapitalrücklage	200.000 €

Ist aus der Bilanz zu erkennen, ob eine AG eigene Anteile erworben hat?

Ja, eigene Anteile sind **offen** von der Position „Gezeichnetes Kapital“ **abzusetzen**.

→ **Karte 183**

Aus welchen Gründen wird eine AG eigene Aktien zurückkaufen? Nennen Sie Beispiele.

Gründe für den Rückkauf eigener Aktien:

- Pflege des Aktienkurses
- Abgabe an Mitarbeiter (Belegschaftsaktien, Vergütungsanteil des Managements)
- Vorbereitung von Unternehmenskäufen mit Aktientausch
- Vorbereitung einer Verschmelzung (Fusion)

In vielen Bilanzen steht die Position „Bilanzgewinn“, die es in der Gliederung des § 266 HGB nicht gibt. Können Sie das erklären?

Die Position **„Bilanzgewinn“** ist in **§ 268 Abs. 1 HGB** geregelt.

Wenn die Bilanz unter Berücksichtigung der vollständigen oder teilweisen Verwendung des Jahresergebnisses aufgestellt worden ist, tritt an die Stelle der Posten „Jahresüberschuss/Jahresfehlbetrag“ und „Gewinnvortrag/Verlustvortrag“ der Posten „Bilanzgewinn/Bilanzverlust“.

→ **Karten 202, 254**

Welche unterschiedlichen Zielsetzungen haben die handels- bzw. steuerrechtliche Gewinnermittlung?

Zielsetzungen der handels- bzw. steuerrechtlichen Gewinnermittlung:

- **Handelsrecht:**

  Bemessung der Gewinnausschüttung und Information externer Adressaten.

- **Steuerrecht:**

  Ermittlung der Bemessungsgrundlage für die Besteuerung.

Wenn der Fair Value höher ist als der Ansatz zum Buchwert in der Steuerbilanz, ergeben sich **passive latente Steuern**.

Welche bilanzielle Folge ergibt sich, wenn der Fair Value höher ist als der Ansatz zum Buchwert in der Steuerbilanz?

Aktive und passive latente Steuern sind **zwingend anzusetzen**, ein **Wahlrecht gibt es nicht**.

Eine **Saldierung** ist unter den Voraussetzungen des IAS 12.74 **möglich**.

→ **Karte 90**

Besteht für aktive oder passive latente Steuern nach IFRS ein Ansatzwahlrecht?

Sachanlagen sind nach IAS 16.6 **materielle Vermögenswerte**.

Sie dienen

- zur Herstellung oder der Lieferung von Gütern und Dienstleistungen,
- zur Vermietung an Dritte oder
- Verwaltungszwecken

und können voraussichtlich länger als eine Periode genutzt werden.

Wie sind Sachanlagen nach IAS 16.6 definiert?

Sachanlagen werden bei ihrem Zugang zu **Anschaffungs- oder Herstellungskosten** bewertet.

Wie wird der Zugang einer neuen Spritzgussmaschine nach IFRS bewertet?

Weil es **keinen internationalen Gesetzgeber** gibt, kann es auch **keine internationalen gesetzlichen Normen zur Rechnungslegung** geben. Die Standards müssen deshalb in national verbindliches Recht überführt werden. Dieses Verfahren heißt „Endorsement".

Warum ist ein Endorsement-Verfahren erforderlich, um die IFRS-Standards verbindlich zu machen?

a) **nach HGB:**

Aufwandsrückstellung **müssen angesetzt** werden (§ 249 Abs. 1 Satz 2 HGB).

b) **nach IFRS:**

Aufwandsrückstellungen **dürfen nicht angesetzt** werden, weil sie nicht gegenüber einem Dritten bestehen.

→ **Karte 97**

Wie werden in der Bilanz Aufwandsrückstellungen ...

a) nach HGB

b) nach IFRS

... behandelt?

Nach IAS 2 sind **„inventories" Gegenstände**, die sich **in der Produktion** befinden.

Was sind nach IAS 2 „inventories"?

Der **erzielbare Betrag** ist der höhere Wert aus dem Nettoveräußerungspreis und dem Nutzwert.

Bei einem IFRS-Abschluss ist eine Wertminderung vom „erzielbaren Betrag“ abhängig. Was ist darunter zu verstehen?

Der **Fair Value** ist der Betrag, zu dem ein **Vermögensgegenstand** zwischen unabhängigen, sachverständigen und vertragswilligen Parteien **getauscht** werden kann.

Was wird unter „Fair Value“ verstanden?

Nach der Neubewertungsmethode nach IFRS kann die Folgebewertung eines Vermögensgegenstands höher sein als die Anschaffungs- oder Herstellungskosten. Die **Wertsteigerung** ist in der Neubewertungsrücklage (Teil des Eigenkapitals) **erfolgsneutral zu erfassen**.

Was wird nach IFRS unter „Neubewertungsrücklage“ verstanden?

Beispiele für **finanzielle Verbindlichkeiten** sind:

- Lieferantenverbindlichkeit
- Kreditverbindlichkeit
- Anleiheverbindlichkeit

Kennen Sie Beispiele für „Finanzielle Verbindlichkeiten“ nach IFRS?

Finanzielle Vermögenswerte	
Eigenkapitalinstrumente	Fremdkapitalinstrumente/ Schuldinstrumente
Beispiele	
Aktien eines anderen Unternehmens	► Anleihen ► Kundenforderungen ► Bankguthaben

Finanzielle Vermögenswerte werden nach IFRS in zwei Gruppen unterteilt. Welche sind das? Nennen Sie Beispiele.

Das Finanzinstrument wird gekauft ...		
... und gehalten, um vertraglich vereinbarte Zahlungsströme zu erreichen. (Kein Verkauf mit dem Ziel, Kursgewinne zu realisieren.)	... um vertraglich vereinbarte Zahlungsströme zu erreichen. *oder* ... um es zu verkaufen.	... um es zu einem späteren Zeitpunkt mit Kursgewinn zu verkaufen.
↓ **Halten**	↓ **Halten und Verkaufen**	↓ **Handel**

Die Geschäftsmodellbedingung des IFRS 9 bezieht sich darauf, wie finanzielle Vermögenswerte zur Erzielung von Erträgen eingesetzt werden. Können Sie die drei Geschäftsmodelle unterscheiden?

Die Klassifizierung eines finanziellen Vermögenswerts nach IFRS 9 hängt grundsätzlich von zwei Kriterien ab:

1. **Geschäftsmodellbedingung:** Art des Geschäftsmodells, in dem das Finanzinstrument gehalten wird.
2. **Zahlungsstrombedingung:** Ausgestaltung der vertraglichen Zahlungsströme.

→ **Karte 157**

Nach welchen Kriterien werden Finanzinstrumente nach IFRS 9 klassifiziert?

- **Liquidität** ist die Fähigkeit, alle Zahlungsverpflichtungen fristgerecht und vollständig erfüllen zu können.
- **Bonität** beschreibt die Kreditwürdigkeit, also die Möglichkeit und die Bereitschaft, die aufgenommenen Schulden zurückzuzahlen.

→ **Karten 266 bis 268**

Was ist der Unterschied zwischen „Liquidität“ und „Bonität“?

Als Finanzierung werden alle Maßnahmen bezeichnet, durch die ein Unternehmen **mit Kapital versorgt** wird.

Wie wird „Finanzierung“ definiert?

Selbstfinanzierung ist die **Finanzierung aus Gewinnen**, die im Unternehmen verbleiben, also nicht ausgeschüttet (thesauriert) werden.

→ **Karte 357**

Was versteht man unter „Selbstfinanzierung"?

Eine stille Selbstfinanzierung ergibt sich durch **Unterbewertung von Vermögensgegenständen** (stille Reserven) oder durch **Überbewertung von Passiva**.

Wodurch ergibt sich eine „stille“ Selbstfinanzierung?

Bei der **Außenfinanzierung** wird Eigen- oder Fremdkapital erstmalig oder zusätzlich über den Kapitalmarkt („von außen“) beschafft.

Beispiele:

- *Ausgabe von jungen Aktien*
- *Aufnahme eines Darlehens*

Bei der **Innenfinanzierung** werden finanzielle Mittel durch den eigenen Betriebs- und Umsatzprozess („von innen“) beschafft. Es gibt dabei keinen externen Kapitalgeber.

Beispiele:

- *Gewinnthesaurierung*
- *Finanzierung durch Abschreibungen*

Worin besteht der Unterschied zwischen Innen- und Außenfinanzierung? Nennen Sie typische Beispiele.

Bei der Fremdfinanzierung werden einem Unternehmen Finanzierungsmittel **von externen Kapitalgebern** zur Verfügung gestellt.

→ **Karten 359, 361**

Was versteht man unter „Fremdfinanzierung“?

Sale-and-lease-back beschreibt die Veräußerung und anschließende (Rück-)Anmietung von Vermögensgegenständen.

Beim Verkauf ergibt sich ein einmaliger Zufluss an Liquidität, während der Mietzeit fließt Liquidität kontinuierlich ab.

Was meint der Begriff „Sale-and-lease-back"?

Bei der **Ermittlung des Kapitalbedarfs für das Anlagevermögen** werden folgende **Positionen** berücksichtigt:

- alle Investitionen
- eiserner Bestand

Zusätzlich **bei Neugründung**:

- Gründungskosten
- Kosten für die Ingangsetzung des Geschäftsbetriebs

Welche Positionen werden bei der Ermittlung des Kapitalbedarfs für das Anlagevermögen berücksichtigt?

Die wesentlichen Positionen bei der **Ermittlung der Kapitalbindung des Umlaufvermögens** sind:

1. Fertigungslöhne und Fertigungsgemeinkosten
2. Fertigungsmaterial und Materialgemeinkosten
3. Verwaltungs- und Vertriebsgemeinkosten

Welche sind die wesentlichen Positionen bei der Ermittlung der Kapitalbindung des Umlaufvermögens?

Bei der **Ermittlung des Kapitalbedarfs** bestehen z. B. folgende **Risiken**:

- Höhere Preise können zu einem höheren Kapitalbedarf führen.
- Kunden zahlen später als erwartet.
- Die vorgesehenen Zeiträume für Lagerung, Produktion und Vertrieb werden nicht eingehalten.

Welche Risiken bestehen bei der Ermittlung des Kapitalbedarfs?

Ein Aktionär, der Stammaktien besitzt, hat das **Recht auf**:

- Gewinnbeteiligung
- Beteiligung am Liquidationserlös
- Ausübung des Stimmrechts auf der Hauptversammlung
- Information auf der Hauptversammlung
- Bezugsrechte bei Kapitalerhöhungen

Welche Rechte hat ein Aktionär, der Stammaktien besitzt?

Folgende Sicherungsinstrumente stehen einem Darlehensgeber zur Verfügung:

Personensicherheit:

- Bürgschaft (§§ 765 ff. BGB)

Sachsicherheiten:

- Eigentumsvorbehalt
- Pfandrechte
- Hypothek
- Grundschuld
- Sicherungsabtretung
- Sicherungsübereignung

Welche Sicherungsinstrumente stehen einem Darlehensgeber zur Verfügung?

- **Einfache Bürgschaft:**

  Der Bürge hat das Recht auf Einrede der Vorausklage. Er kann erst in Anspruch genommen werden, wenn eine Zwangsvollstreckung gegen den Hauptschuldner erfolglos geblieben ist.

- **Selbstschuldnerische Bürgschaft:**

  Der Bürge verzichtet auf das Recht der Vorausklage. Er kann direkt in Anspruch genommen werden, wenn der Hauptschuldner die Verbindlichkeit nicht rechtzeitig tilgt.

Wie werden die beiden Arten einer Bürgschaft unterschieden?

Beide beziehen sich auf den Kauf/Verkauf von Devisen zu einem späteren Zeitpunkt.

- Beim **Devisentermingeschäft** muss das Geschäft wie vereinbart abgewickelt werden.
- Beim **Devisenoptionsgeschäft** entscheidet der Käufer der Option, ob das Geschäft getätigt wird. Für dieses Recht zahlt er dem Verkäufer eine Prämie.

Worin liegt der Unterschied zwischen einem Devisentermingeschäft und einem Devisenoptionsgeschäft?

Zusätzliche Risiken im Außenhandel sind z. B.:

- **Transportrisiko:** Die Ware könnte beschädigt werden oder untergehen.
- **Fabrikationsrisiko:** Der Importeur storniert oder verändert den Auftrag.
- **Abnahmerisiko:** Der Importeur nimmt die Ware nicht ab.
- **Politisches Risiko (Länderrisiko):** Krieg, Unruhen, Streiks
- **Transferrisiko:** Zahlungsverbot oder Transferverbot
- **Konvertierungsrisiko:** Der Importstaat sanktioniert den Umtausch von Landeswährung in Fremdwährung.
- **Wechselkursrisiko:** Der Wechselkurs kann sich ungünstig entwickeln.

Im Außenhandel bestehen für den Exporteur zusätzliche Risiken, die es im Binnenhandel nicht gibt. Kennen Sie vier solcher Risiken?

Instrumente zur **Absicherung** gegen die Risiken **im Außenhandel** sind z. B.:

- Incoterms
- Vorkasse/Anzahlung
- Dokumenteninkasso
- Akkreditiv
- Devisentermin- bzw. Devisenoptionsgeschäfte
- Hermes Euler Versicherung

Welche Instrumente stehen dem Exporteur zur Verfügung, um sich (teilweise) gegen die Risiken im Außenhandel abzusichern?

Ein **Dokumentenakkreditiv** ist ein abstraktes Zahlungsversprechen der Bank eines Importeurs gegenüber dem Exporteur,

- einen bestimmten Betrag
- in einer bestimmten Währung
- innerhalb einer bestimmten Frist

gegen Erfüllung bestimmter Bedingungen zu zahlen.

→ **Karte 423**

Können Sie das Sicherungsinstrument „Dokumentenakkreditiv“ erläutern?

Bei einem bestätigten Akkreditiv bleiben folgende **Risiken beim Exporteur**:

- Wechselkursrisiko
- Embargorisiko

Welche Risiken verbleiben auch bei einem bestätigten Akkreditiv noch beim Exporteur?

Bei einem bestätigten Dokumentenakkreditiv erhält der Exporteur zusätzlich zum Zahlungsversprechen der Bank des Importeurs auch ein **Zahlungsversprechen der eigenen Bank.**

Sie übernimmt dadurch für den Exporteur das – sonst noch verbleibende – Länderrisiko.

Was ist die Besonderheit eines „bestätigten“ Dokumentenakkreditivs?

Wert eines Bezugsrechts = Alter Kurs - neuer Mittelkurs

$$\textbf{Neuer Mittelkurs} = \frac{(a \cdot K_a) + (n \cdot K_n)}{a + n}$$

Wobei

a = Zahl der alten Aktien

n = Zahl der neuen Aktien

K_a = Kurs der alten Aktien

K_n = Kurs der neuen Aktien

Wie wird rechnerisch der Wert eines Bezugsrechts ermittelt?

Ein Fälligkeitsdarlehen wird **am Ende der Laufzeit in einer Summe** zurückgezahlt.

Während der Laufzeit werden nur die Zinsen gezahlt.

→ **Karten 380, 381**

Was ist ein Fälligkeitsdarlehen?

Bei einem Tilgungs- oder Ratendarlehen erfolgt die **Rückzahlung während der Laufzeit** in gleichmäßigen Raten.

Zinsen sind jeweils **auf die Restschuld** zu zahlen, deshalb nimmt die periodische Belastung über die Laufzeit ab.

→ **Karten 379, 381**

Was ist ein Tilgungsdarlehen?

Bei einem Annuitätendarlehen erfolgt **in jeder Periode eine gleich hohe Zahlung**, die sich aus einem Zins- und einem Tilgungsanteil zusammensetzt.

Während der Laufzeit **steigt** der **Tilgungsanteil** und der **Zinsanteil sinkt**.

→ **Karten 379, 380**

Was ist ein Annuitätendarlehen?

Zinsen beziehen sich auf die Restschuld, die bei einem Ratendarlehen während der Laufzeit abnimmt.

Entsprechend müssen deshalb bei einem **Ratendarlehen** insgesamt **weniger Zinsen** gezahlt werden.

Wenn Sie die Wahl haben zwischen einem endfälligen Darlehen und einem Ratendarlehen, in welchem Fall müssen Sie über die gesamte Laufzeit mehr Zinsen zahlen?

Im Gegensatz zu einem Darlehen ist eine **Anleihe** ein **Wertpapier** und kann entsprechend gehandelt werden.

→ **Karten 384, 385**

Was ist der wesentliche Unterschied zwischen einem Darlehen und einer Anleihe?

Ein **Kundenkredit** ist eine Anzahlung an den Lieferanten:

„Zahlung heute, Lieferung später."

Wie lässt sich ein Kundenkredit beschreiben?

Einen Kredit, bei dem zunächst kein Geld fließt, sondern eine Bürgschafts- oder Garantiezusage gegeben wird, nennt man **Avalkredit** oder **Bürgschaftskredit**.

Wie nennt man einen Kredit, bei dem zunächst kein Geld fließt, sondern eine Bürgschafts- oder Garantiezusage gegeben wird?

Beim **Finanzierungsleasing** liegt das Objektrisiko **beim Leasingnehmer**.

Wer trägt beim Finanzierungsleasing die Reparatur- und Versicherungskosten?

- Beim **direkten Leasing** ist der Hersteller des Leasingguts auch unmittelbar der Leasinggeber.
- Beim **indirekten Leasing** ist eine Leasinggesellschaft zwischen Hersteller und Leasingnehmer eingeschaltet. Sie erwirbt das Leasingobjekt und schließt mit dem Leasingnehmer den Leasingvertrag.

Wo liegt der Unterschied zwischen „direktem“ und „indirektem“ Leasing?

Beim Factoring werden **kurzfristige Forderungen** an einen Factor **verkauft**.

Die Zahlung ist niedriger als die Summe der verkauften Forderungen, dafür steht sofort Liquidität zur Verfügung.

→ **Karten 394, 395**

Was versteht man unter „Factoring“?

- Beim **echten Factoring** übernimmt der Factor (Factorinstitut) das **Ausfallrisiko**.
- Beim **unechten Factoring** verbleibt das Ausfallrisiko beim Factoringkunden. Der Factor hat die Möglichkeit, seinen Factorkunden in Anspuch zu nehmen, wenn dessen Debitor zahlungsunfähig ist.

→ **Karte 395**

Wodurch unterscheidet sich „echtes“ vom „unechten“ Factoring?

- Beim **stillen Factoring** wird der Schuldner **nicht über das Factoring informiert**. Er zahlt weiter wie bisher befreiend an den Verkäufer der Forderungen.
- Beim **offenen Factoring** wird der Schuldner über die Einschaltung eines Factoringinstituts informiert. Er kann dann befreiend nur noch an diesen Factor zahlen.

Wodurch unterscheiden sich „stilles“ und „offenes“ Factoring?

Investitionsarten:

- **Sachinvestitionen** (auch Realinvestitionen), z. B. Maschinen und Grundstücke
- **Finanzinvestitionen** (auch Nominalinvestitionen), z. B. Wertpapiere, Unternehmensbeteiligungen
- **Immaterielle Investitionen**, z. B. Forschung, Weiterbildung

Welche Arten von Investitionen kennen Sie?

Statische Verfahren der Investitionsrechnung:

- Kostenvergleichsrechnung
- Gewinnvergleichsrechnung
- Rentabilitätsvergleichsrechnung
- Amortisationsvergleichsrechnung

Dynamische Verfahren der Investitionsrechnung:

- Kapitalwertmethode
- Annuitätenmethode
- Methode des internen Zinsfußes

Kennen Sie jeweils drei statische und drei dynamische Verfahren der Investitionsrechnung?

Die Kostenvergleichsrechnung ist eine statische Methode, die Zinsen werden deshalb **gleichmäßig auf alle Perioden verteilt**.

$$\textbf{Zinsen} = \frac{\text{Anschaffungskosten}}{2} \cdot \text{Zinssatz}$$

→ **Karte 401**

Wie werden bei der Kostenvergleichsrechnung die Zinsen berücksichtigt?

Bei einer **statischen Investitionsrechnung** wird der **Restwert als Mittelzufluss** gleichmäßig auf die Perioden verteilt, also von den Anschaffungskosten abgezogen.

Wie wird bei der Kostenvergleichsrechnung ein Restwert berücksichtigt?

Gesucht ist die Menge, bei der die Kosten alternativer Investitionen gleich hoch sind. Dabei müssen die Differenzen zwischen den Fixkosten und den variablen Kosten der beiden Investitionsalternativen berücksichtigt werden.

Beispiel: *Vergleich der Investitionsalternativen A und B.*

$$\textbf{Kritische Menge} = \frac{\text{Fixkosten B - Fixkosten A}}{\text{variable Kosten A - variable Kosten B}}$$

Wie lässt sich einfach die „kritische Menge“ ermitteln?

Bei der **Kapitalwertmethode** wird angenommen/unterstellt, dass alle Zahlungen jeweils am Ende der jeweiligen Perioden erfolgen.

→ **Karte 405**

Bei der Kapitalwertmethode wird zum Zeitpunkt der Zahlungen eine (unrealistische) Annahme getroffen. Wann finden die Zu- und Abflüsse in den Nutzungsperioden statt?

Zur Bearbeitung wird folgende Vorgehensweise empfohlen:

1. Bearbeiten Sie die Karteikarten in beliebiger Reihenfolge.

2. Sortieren Sie danach die bearbeiteten Karten in drei Kategorien:

   a) Frage konnte sicher und vollständig beantwortet werden.
   Kein weiter Lernbedarf.

   b) Frage konnte teilweise bzw. „ungefähr" bearbeitet werden.

   c) Frage konnte nicht beantwortet werden. Dringender Lernbedarf.

3. Nehmen Sie sich jetzt vorläufig nur die Kategorie c) vor und legen die Karten wieder wie unter 2. ab.

4. Wenn keine Karten der Kategorie c) mehr übrig sind, bearbeiten Sie in gleicher Weise die Kategorie b).

5. Jetzt gibt es nur noch Karten der Kategorie a). Verfestigen Sie Ihr Wissen, indem Sie vor der Prüfung nochmals alle Karten durchgehen.

Verlag und Autor wünschen Ihnen bei Ihrer Prüfung viel Erfolg!

Köln, im Mai 2022

Dr. Hans J. Nicolin

Vorwort

Mit dieser Lernkartei liegt Ihnen ein umfangreicher Fragenkatalog für die mündliche Bilanzbuchhalterprüfung nach der aktuellen Bilanzbuchhalterprüfungsverordnung vom 18.12.2020 (VO 2020) vor.

Die Formulierungen der Fragen sind ähnlich wie sie in einem Gespräch erfolgen würden, der leichteren Les- und Lernbarkeit wegen wird aber auf typische Gesprächsformulierungen wie „Na ja, überlegen Sie nochmal", „Da schließt sich die Überlegung an ...", „Lassen Sie uns gemeinsam nochmal ..." verzichtet.

Sofern unterschiedliche Definitionen/Schreibweisen existieren, wird denen der IHK gefolgt.

In einem Fachgespräch müssen Sie keine umfangreichen Zahlenbeispiele erwarten. Soweit hier in den Lösungen Berechnungen vorkommen, sollen Sie den prinzipiellen Lösungsweg verdeutlichen.

ISBN 978-3-482-**66606**-3
6., überarbeitete Auflage 2022

Druck: Brasse & Nolte Ruhrstadt Medien GmbH & Co. KG, Castrop-Rauxel

i

555 Fragen zur mündlichen Bilanzbuchhalterprüfung

Lernkarten für die optimale Prüfungsvorbereitung

von
Dr. Hans J. Nicolini

6., überarbeitete Auflage

nwb